AF474122

SOUVENIRS

DE LA

CAMPAGNE DU DAHOMEY

PAR

Frédéric SCHELAMEUR

Vétérinaire militaire.

AVEC CARTES ET PHOTOGRAVURES DANS LE TEXTE

PARIS

HENRI CHARLES-LAVAUZELLE

Éditeur militaire

11, PLACE SAINT-ANDRÉ-DES-ARTS, 11

(Même maison à Limoges.)

SOUVENIRS

DE LA

CAMPAGNE DU DAHOMEY

SOUVENIRS

DE LA

CAMPAGNE DU DAHOMEY

PAR

Frédéric SCHELAMEUR

Vétérinaire militaire.

PARIS

HENRI CHARLES-LAVAUZELLE

Éditeur militaire

11, PLACE SAINT-ANDRÉ-DES-ARTS, 11

(Même maison à Limoges.)

Béhanzin.

J. Virou. sc

SOUVENIRS

DE LA

CAMPAGNE DU DAHOMEY

INTRODUCTION

Quelques mots de l'histoire du Dahomey. — Campagne de 1890. — Traité d'Abomey. — Campagne de 1892. — Origine du conflit. — Crédits accordés par les Chambres pour entreprendre une nouvelle expédition. — Le colonel Dodds prend le commandement du corps expéditionnaire. — Préparatifs et organisation.

L'histoire du Dahomey est fort peu connue avant le commencement du XVIIe siècle. Quelques chercheurs, se basant sur certains caractères de race bien plus que sur des faits historiques, prétendent que les ancêtres des Dahoméens actuels étaient originaires du nord-est de l'Afrique. D'après cette version, entraînés à la recherche d'esclaves qu'ils vendaient aux courtiers musulmans, ils auraient progressivement traversé ce continent et seraient venus s'établir vers les bords du golfe du Bénin après avoir asservi la population autochtone (nago).

L'abbé Bouche (1) s'exprime ainsi au sujet de l'histoire du Dahomey :

Au commencement du XVIIe siècle, le pays était divisé en trois états ; cette division dura encore un siècle. Nous la retrouvons dans la carte du seigneur d'Anville, insérée dans les *Voyages* du chevalier des Marchais.

1° Le royaume de Juda allait de la mer jusqu'au-dessus de Savi, qui en était la capitale ; 2° au nord du Lama était le royaume de Fouin ou Foys; 3° le royaume d'Ardres s'étendait entre les deux premiers, touchant à la côte par Godomey et Kotonou. La capitale du royaume d'Ardres était Ardres, qu'il faut probablement confondre avec Allada, et que des Marchais appelle Assem, d'autres Axim.

En 1610, le démembrement de ce dernier royaume opéra dans la contrée des changements notables. A cette époque, le roi d'Ardres mourut, laissant trois fils. Aucun des trois n'étant désigné spécialement pour succéder à son père, chacun voulut s'emparer du gouvernement, aidé du parti qu'il s'était formé par son prestige et ses richesses. La lutte fut acharnée et le succès resta au second des trois frères.

Des deux autres, l'un alla se cantonner à l'est avec les siens dans une contrée qui devait appartenir à l'ancien royaume de son père, et fonda le royaume de Porto-Novo. Le troisième frère traversa le Lama, et alla demander aide au roi des Foys. Il en fut très bien

(1) *Sept ans en Afrique occidentale. La côte des Esclaves et le Dahomey*. Editeurs : E. Plon et Nourrit, 1885.

accueilli : le roi, nommé Da, lui accorda un vaste terrain ; il l'entoura d'une enceinte et s'y établit avec ses femmes, ses esclaves et ses partisans qui l'avaient suivi. Ce dernier frère s'appelait Tacoundonou ; il est le chef de la dynastie dahoméenne.

Tacoundonou répondit aux bienfaits nombreux du roi des Foys par la plus noire ingratitude et par les procédés d'une barbarie atroce : il bâtit les murs de son palais sur le corps de son bienfaiteur devenu son prisonnier et sa victime, digne commencement d'un état où le roi se plaît dans le sang et au milieu des victimes humaines. Voici les faits :

Le réfugié d'Allada voyant accourir à lui des partisans qui ne l'avaient point suivi au premier moment et d'autres mécontents qui fuyaient l'autorité de son frère vainqueur, Tacoundonou demanda trois ou quatre fois à Da de nouveaux terrains dans le but d'agrandir son enceinte. A la fin, Da répondit d'un air défiant à son protégé : « Vous bâtissez partout des maisons, quand donc vous arrêterez-vous ? Si je vous accorde toujours du terrain, vous en viendrez jusqu'à bâtir sur mon ventre ! »

Cette parole, l'aventurier la réalisa. Quand il se crut assez fort, il attaqua son bienfaiteur, le fit prisonnier et s'empara du trône. Ensuite, à côté de son ancienne enceinte (Agbomé), il entreprit la construction d'un palais digne de lui et de sa nouvelle fortune ; et quand les fondations furent creusées et qu'il fallut commencer l'édifice, il étendit le roi Da au fond de la tranchée, et sur son ventre éleva son premier palais, qui fut appelé Dahomey, ce qui signifie ventre de Da : de là le nom de Dahomey que porte aujourd'hui le royaume. Ce palais existe encore dans la capitale, mais il n'est plus habité par le roi (Borghero).

Tacoundonou eut pour successeurs :

Adanzou Ier, 1650 à 1680, qui établit les coutumes (sacrifices humains) ;

Vibagée, 1680 à 1708 ;

Guadja-Troudo, 1708 à 1732. Son règne fut l'époque la plus brillante de l'histoire du Dahomey, époque de conquêtes et d'agrandissement ;

Bossa-Abadée, 1732 à 1774 ;

Adanzou II, 1774 à 1789 ;

Winouhiou, 1789 à 1807.

Ebomi fut son successeur immédiat ; puis vinrent les trois derniers rois Adandozan, Ghéso et Gréré ou Glé-Glé, auquel Béhanzin succéda en 1890.

La plupart des rois du Dahomey furent la terreur de leurs voisins. Ils conquirent successivement les royaumes d'Ardres et celui de Juda, guerroyèrent presque sans relâche et généralement avec succès contre les Papœs, les Manhis, les Nagos, les Ekbas, etc., dans le but d'agrandir leur territoire et surtout pour razzier ces tribus moins belliqueuses et leur enlever des milliers de captifs destinés à la traite, à la culture et aussi aux coutumes.

D'après l'abbé Bouche, le commerce des esclaves ne fut ouvert dans cette région du golfe de Guinée que vers 1660. Il en conclut que les Européens n'avaient pas d'établissements ailleurs sur la Côte des Esclaves, puisqu'ils ne la fréquentaient qu'en vue d'acheter des captifs ; ce qui fit donner à la côte le nom sous lequel nous la connaissons.

Au mois de janvier 1670, d'Elbée, commissaire de la marine de France, visita le roi d'Ardres à Offra. Il en reçut mille politesses. Depuis ce moment, le commerce fut ouvert et les Français eurent la liberté de traiter avec les sujets du roi. Ce dernier envoya la même année, en ambassade à Paris, un certain Mattéo Lopez. Il fut reçu par le roi et par la Compagnie des Indes. Au nom du roi son maître, il promit aide et protection aux Français, assurant qu'ils auraient dans son pays la prééminence commerciale.

Les Anglais, les Hollandais, les Portugais, avaient aussi des comptoirs, tant dans le royaume d'Ardres que dans celui de Juda.

Les privilèges et les faveurs accordés au commerce français excitèrent les jalousies des autres comptoirs. Leurs représentants essayèrent même, sans y parvenir, de ruiner notre influence et nos intérêts dans cette région.

Dans le but de mettre leurs marchandises à l'abri d'un coup de main, les Européens construisirent à Wydah des entrepôts gardés par des hommes en armes. Le fort français fut construit en 1671, à proximité du fort anglais et du fort portugais.

L'histoire de nos relations avec le Dahomey ne commence réellement qu'en 1851. Par un traité passé entre le lieutenant de vaisseau Bouët-Willaumetz, représentant de la France et le roi du Dahomey, ce dernier assurait sa protection et donnait toute liberté aux commerçants français. Ceux-ci étaient tenus de payer une dîme assez importante au roi.

Successivement et après nos commerçants, nos représentants s'établirent, en 1857 à Grand-Popo, en 1863 à Porto-Novo, dont le roi réclamait la protection de la France, et, après des discussions fréquemment renouvelées de la part des Anglais, ce territoire nous fut définitivement concédé en 1867. L'année suivante, Glé-Glé, dans le but de soustraire ses frontières aux incursions des Anglais du Lagos, abandonna le territoire de Kotonou à la France, moyennant une redevance que devaient lui allouer les commerçants européens établis sur cette plage. Cette clause fut exploitée par Glé-Glé qui imposa parfois de grosses amendes aux négociants et bloqua la côte pour obtenir le versement des sommes ou des marchandises réclamées.

En 1878, un nouveau traité confirma la cession du territoire de Kotonou à la France et le protectorat de celle-ci sur le territoire de Porto-Novo.

En 1888, Glé-Glé, manquant sans doute de ressources et voulant se faire payer de nouvelles redevances, somma nos représentants au Bénin d'avoir à abandonner les postes qu'ils occupaient. Il ne fut pas répondu à ces menaces, qui furent renouvelées au commencement de l'année suivante et immédiatement suivies d'effet par la brusque irruption des bandes dahoméennes sur le territoire de notre protectorat de Porto-Novo. Le pays et la ville furent livrés au pillage et les habitants qui n'avaient pu fuir sur le territoire anglais de Lagos furent emmenés en captivité.

A la même époque, nos commerçants et le chef de la station télégraphique de Kotonou, étaient très sérieusement molestés par un représentant de Glé-Glé, qui les obligeait de reconnaître l'autorité du roi sous peine de voir leurs biens confisqués et d'être chassés de la ville.

Les mêmes scènes se reproduisaient à Wydah, dans les factoreries françaises et à l'exception de toutes les autres.

Le yévogan de Wydah, parlant au nom du roi, invoquait la nullité des traités antérieurs passés avec la France, disant qu'ils avaient été ratifiés à l'insu de Glé-Glé par des agents infidèles, qui avaient payé de leur tête la trahison dont ils s'étaient rendus coupables.

Le *Sané* et l'*Aréthuse*, ayant à bord l'amiral Brown de Colstoun, étaient mouillés en face de Kotonou. L'administrateur du Bénin, M. Beckmann, demanda à l'amiral de lui envoyer des secours à Porto-Novo. Une centaine de marins furent débarqués et dirigés sur cette ville où ils réussirent à rétablir le calme.

Dès qu'il eut connaissance de ces événements, le Gouvernement confia au docteur Bayol, alors lieutenant-gouverneur des Rivières du Sud, la mission d'obtenir des explications sur les actes déloyaux du roi du Dahomey, et d'essayer de résoudre pacifiquement le conflit qui venait de surgir, tout en prescrivant les mesures propres à rétablir notre prestige amoindri sur toute la côte et plus particulièrement à Porto-Novo.

M. Bayol s'embarqua à Bordeaux au mois d'août

1889, emportant de nombreux cadeaux destinés à Glé-Glé. Dès son arrivée à Porto-Novo, il fit demander au roi de lui envoyer à Kotonou un représentant muni des pouvoirs nécessaires pour régler toutes les questions en litige et recevoir les cadeaux qui lui étaient destinés.

Glé-Glé fit répondre à M. Bayol que, n'ayant pas d'interprète pour lui traduire sa missive, il lui demandait de lui dépêcher quelqu'un à Abomey pour la lui expliquer.

Comprenant que le roi ne cherchait qu'à se soustraire à un arrangement, le lieutenant-gouverneur résolut d'aller lui-même le trouver à Abomey, où il arriva le 21 novembre, accompagné de M. l'administrateur Angot et de M. Béraud, représentant de la France à Porto-Novo.

La mission fut reçue en grande pompe et invitée à assister aux fêtes des coutumes. Elle déclina ce triste privilège, sans toutefois pouvoir échapper complètement à ces hideuses réjouissances. Mais quand M. Bayol voulut aborder la question diplomatique avec le fils du roi, le prince Kon-Dô, qui était chargé de la résoudre, celui-ci déclara que les traités de 1868 et de 1878 avaient été faits à l'insu de son père. Le roi ne pouvait les avoir consentis ni ratifiés ; le Dahomey ne cèderait à aucun prix la moindre parcelle de son territoire.

Il fut impossible à la mission d'obtenir la moindre satisfaction ; mais son chef se vit obligé d'écrire une lettre au chef des Français dans laquelle Kon-Dô, qui la dictait, exposait ses griefs contre la France et ses revendications.

Le roi étant tombé gravement malade sur ces entrefaites, le gouverneur jugea prudent de s'éloigner au plus vite d'Abomey pour échapper aux représailles qui pourraient suivre la mort de Glé-Glé. La mission rentra à Porto-Novo le 31 décembre.

Glé-Glé mourut le 30 décembre et fut remplacé immédiatement par son fils Kon-Dô, qui prit le nom de Béhanzin. Ce prince était l'ennemi juré des Français ; leur situation ne pouvait que s'aggraver avec lui.

Bientôt, en effet, les Dahoméens se préparèrent à entrer ouvertement en lutte avec nous.

Il devenait indispensable de songer à protéger nos nationaux. Le gouverneur du Sénégal reçut l'ordre d'envoyer à Kotonou deux compagnies de tirailleurs commandées par le chef de bataillon Terrillon, et quatre canons de montagne.

En même temps, un détachement de tirailleurs gabonais était embarqué à Libreville pour la même destination.

Le capitaine de vaisseau Fournier, commandant du *Sané*, qui amena cette compagnie de tirailleurs, reçut l'ordre de donner son concours au lieutenant-gouverneur mais sans débarquer un seul de ses marins.

Les Dahoméens avaient prononcé leur mouvement offensif et leurs avant-postes étaient en vue de Kotonou.

Le 21 février, ils attaquèrent sans succès cette position.

Deux jours plus tard, une reconnaissance fut assaillie en avant de nos lignes, sur la lisière des bois que traverse la route de Godomey.

Une autre reconnaissance de tirailleurs parvint à enlever Zobbo et à rentrer à Kotonou sans perdre trop de monde.

Béhanzin fit enlever par traîtrise quelques commerçants français qui s'étaient réfugiés dans le fort de Wydah et les conserva comme otages.

Les hostilités reprirent avec plus d'intensité, et le 4 mars, au petit jour, l'ennemi attaqua Kotonou, dont il espérait surprendre la garnison. Une lutte terrible, qui dura plus de quatre heures, se termina par la retraite des Dahoméens qui avaient perdu beaucoup de monde.

Pendant ce temps, un autre corps comprenant plus de 2,000 Dahoméens, menaçait Porto-Novo dont la petite garnison fut renforcée par des troupes prélevées sur celles de Kotonou, qui attendait incessamment une nouvelle compagnie de tirailleurs sénégalais.

Trois ou quatre reconnaissances furent encore poussées par les troupes du commandant Terrillon dans la direction de Godomey, pendant que l'un des bateaux du commandant Fournier appuyait le mouvement en suivant la côte au plus près. La dernière, qui eut lieu le 25 mars, fut reçue par une vive fusillade de l'avant-garde ennemie.

Dans le but de faire diversion avant de se porter sur Wydah, le commandant Terrillon résolut d'attaquer la région du Décamey. C'est pendant cette expédition que le capitaine Oudard fut tué. Les troupes, qui avaient été amenées sur des pirogues remorquées par *l'Emeraude*, furent transportées de la même manière à Danou en remontant l'Ouémé où elles eurent à supporter une nouvelle attaque des Dahoméens, qui furent refoulés; elles rentrèrent le soir à Porto-Novo.

Le 31 mars, *la Ville-de-Maranhao* amena de nouveaux renforts et apporta au commandant Terrillon sa nomination au grade de lieutenant-colonel en même temps que son rappel en France pour cause de différends avec l'autorité civile. Il devait être remplacé par le lieutenant-colonel Klipfel.

Le 5 avril, le lieutenant gouverneur Bayol fut à son tour relevé de ses fonctions et remplacé, en attendant l'arrivée du contre-amiral de Cuverville, par le commandant Fournier, qui eut pour mission de négocier un traité de paix sur les bases suivantes: restitution des Européens prisonniers, cession définitive de Kotonou à la France, où celle-ci aurait la liberté d'établir un poste-douane moyennant une redevance annuelle au roi du Dahomey.

Le même ordre maintenait le lieutenant-colonel Terrillon à la tête de l'expédition en lui enjoignant, toutefois, de ne pas chercher à s'emparer de Wydah et de rester sur la défensive.

Pendant ce temps, les canonnières bombardèrent quelques villages bordant le lac Denham et les rives de l'Ouémé.

En outre, les navires en rade de Kotonou reçurent l'ordre d'assurer le blocus de la côte.

L'ennemi ne tarda pas à se porter résolument sur Porto-Novo. Le lieutenant-colonel Terrillon, pour dégager la ville, décida de le refouler sur Atchoupa où il lui livra un sanglant combat qui eut pour résultat d'arrêter momentanément la marche envahissante de l'armée dahoméenne. Les émissaires envoyés à Béhanzin par le commandant Fournier furent retenus prisonniers à Abomey.

De nouveaux renforts arrivaient de France et du Sénégal. Le 28 avril, le commandant Fournier fit lancer quelques obus sur Wydah; il obtint, quelques jours après, la mise en liberté des trois otages enlevés de la factorerie Fabre.

Le lieutenant-colonel Terrillon, déjà fort souffrant depuis quelque temps, fut obligé d'abandonner son commandement au lieutenant-colonel Klipfel.

Il y eut une période d'accalmie au cours de laquelle le contre-amiral de Cuverville fut envoyé à Kotonou, dans le but d'obtenir le plus tôt possible la ratification du traité qui avait déjà été soumis à Béhanzin.

Après avoir étudié la situation, le contre-amiral put se rendre compte, comme ses prédécesseurs, que le meilleur moyen d'amener Béhanzin à composition était d'entreprendre une action énergique sur Wydah et même sur Abomey. Pour cela, il eût fallu un effectif beaucoup plus considérable que celui dont il pouvait disposer.

L'amiral de Cuverville se décida à envoyer le père Dorgère à Abomey, où le missionnaire s'était créé quelques relations avec les autorités dahoméennes pendant ses deux mois de captivité. Il ne partit qu'à la fin d'août après que des négociations préliminaires eurent été entamées.

Les hostilités avaient cessé de part et d'autre. Le père Dorgère obtint assez facilement la mise en liberté des 35 prisonniers qui étaient retenus à Abomey. Mais les pourparlers traînèrent en longueur; et ce ne fut que le 3 octobre, quand la *Naïade* vint mouiller devant Wydah pour appuyer l'envoi d'un ultimatum, que Béhanzin se décida à conclure un arrangement.

Par cette convention, le roi du Dahomey s'engageait à respecter le protectorat français du royaume de Porto-Novo et reconnaissait à la France le droit d'occuper Kotonou et d'y installer un service de douanes contre une indemnité annuelle de 20.000 francs payable à Béhanzin. La levée du blocus était prononcée.

Causes et débuts de l'expédition de 1892.

On ne tarda pas à se rendre compte en France que Béhanzin n'avait consenti à traiter que pour gagner du temps, rassembler, réorganiser ses contingents et pourvoir à leur armement.

Dès la fin de 1891, et sans plus se préoccuper de la convention qu'il avait acceptée l'année précédente, le roi du Dahomey recherchait déjà des captifs pour la traite et pour célébrer dignement les coutumes. Ses bandes firent tout d'abord une excursion menaçante dans la région de Grand-Popo; puis elles s'en furent razzier environ 3.000 esclaves chez les Minas et les Ouatchis. Nombre de ces captifs furent vendus aux chefs d'une exploitation coloniale allemande. La compagnie du chemin de fer du Congo put également s'en procurer moyennant finances.

Le gouverneur de Porto-Novo, M. Ballot, récrimina énergiquement contre la déloyauté évidente de Béhanzin. Celui-ci répondit tout d'abord par des protestations d'amitié qui n'eurent pas plus d'écho que de durée.

Dès la fin de mars, de nouvelles bandes dahoméennes venues du nord envahirent le territoire de Porto-Novo, pillèrent et détruisirent de nombreux villages et emmenèrent en captivité ceux des habitants qui n'avaient pu s'y soustraire par la fuite.

Cette fois, les récriminations de M. Ballot restèrent sans réponse et les razzias continuèrent.

Le gouverneur, voulant se rendre compte de la situation, s'embarqua à bord de la *Topaze* avec un peloton de tirailleurs haoussas. La canonnière remonta l'Ouémé. Elle fut attaquée à quelques kilomètres de l'embouchure du fleuve par des Dahoméens embusqués sur les deux rives qui blessèrent plusieurs hommes du bord. La *Topaze* dut faire demi-tour et rentrer à Porto-Novo.

Bientôt Késenou puis Kétenou furent pillés et incendiés.

Aux nouvelles protestations de M. Ballot, Béhanzin répondit par cette provocation :

« Je ne suis jamais allé en France faire la guerre et je vois avec peine que la France m'empêche de la faire contre un pays africain. Si vous n'êtes pas contents, vous pourrez faire ce que vous voudrez ; moi je suis prêt. »

Le gouvernement, informé de ces faits, s'occupa tout d'abord de pourvoir à la sécurité de nos nationaux. Le croiseur *Sané* reçut l'ordre de rejoindre les navires de guerre mouillés dans le golfe du Bénin.

Pour renforcer les garnisons de Porto-Novo, de Kotonou et de Grand-Popo, on préleva environ 500 hommes parmi les troupes indigènes du Sénégal; en même temps, l'ordre fut donné de pourvoir au remplacement de ces troupes par des détachements d'infanterie de marine envoyés de la métropole; cet ordre n'eut pas d'effet immédiat et les troupes embarquées à Brest furent débarquées à Bordeaux.

La question du Dahomey fut longuement discutée devant le Parlement, elle donna lieu à des bouleversements ministériels, et finalement, le 11 avril, les Chambres adoptèrent une demande de crédits de 3 millions pour les frais d'occupation du Bénin.

M. Cavaignac, ministre de la marine, fit appeler le colonel Dodds, récemment rentré du Sénégal et commandant le 8e régiment d'infanterie de marine; il lui offrit le commandement du corps expéditionnaire et le présenta à l'acceptation du ministère qui lui conféra les attributions civiles et militaires de gouverneur des établissements français du golfe du Bénin.

Après avoir accepté ces nouvelles fonctions, le colonel se rendit au Sénégal, où il arriva le 14 mai.

Il réunit les principaux chefs indigènes de cette colonie, où il venait d'exercer pendant deux ans les fonctions de commandant supérieur des troupes, et obtint d'eux la promesse formelle d'avoir prochainement à sa disposition un effectif suffisant d'engagés volontaires pour former trois solides compagnies de tirailleurs.

Le colonel s'embarqua à Dakar et arriva à Kotonou le 28 mai; dès le lendemain, il prit possession de son commandement et étudia la situation en vue d'une décision à intervenir,

Pour garantir les possessions françaises du Bénin, le nouveau gouverneur disposait de : 1 bataillon de tirailleurs haoussas, 3 compagnies de tirailleurs sénégalais, 3 sections d'artillerie, soit environ 850 à 900 hommes. La flottille se composait de quatre avisos de 2e classe.

Ces forces étaient suffisantes pour garder en toute éventualité les trois points (Porto-Novo, Kotonou et Grand-Popo) dont la conservation s'imposait, mais elles étaient trop faibles pour permettre une action extérieure à quelque distance. Le colonel Dodds demanda bientôt l'envoi immédiat des renforts suivants : 1 compagnie de marche d'infanterie de marine, 1 batterie d'artillerie de montagne et 4 compagnies de volontaires et tirailleurs sénégalais; indépendamment d'un important approvisionnement de vivres, de matériel et de munitions.

Le colonel Dodds échangea, à différentes reprises, une correspondance avec Behanzin, dont les tergiversations n'avaient pour but que de gagner du temps. Il ne tarda pas à acquérir la certitude que l'étranger contribuait pour une bonne part dans la lutte que le Dahomey se disposait à soutenir contre nous, en lui fournissant des armes, des munitions et d'autres approvisionnements. C'est pourquoi le gouverneur proclama le blocus de la côte entre le Togoland et le Lagos, et donna un court délai aux Européens de Wydah pour quitter la ville. Il put aussi se convaincre que la seule solution possible pour déterminer Behanzin à se soumettre était de marcher vigoureusement sur Abomey.

Ayant obtenu toute latitude pour diriger la campagne à sa guise, le colonel Dodds fit connaître son objectif en même temps qu'il demandait au ministère de la guerre l'envoi d'un bataillon de la légion étrangère, d'un détachement du génie et de l'escadron de spahis sénégalais.

OUVRAGES CONSULTÉS :

La Côte des Esclaves et le Dahomey, par l'abbé BOUCHE. — Plon-Nourrit et Cie, éditeurs, Paris 1885.

L'Expédition du Dahomey en 1890, par le capitaine NICOLAS. — Henri Charles-Lavauzelle, éditeur, Paris 1891.

Campagne du Dahomey (1892-94), par J. POIRIER. — Henri Charles-Lavauzelle, éditeur, Paris 1895.

CHAPITRE UNIQUE

L'escadron de spahis sénégalais est désigné pour participer à la campagne du Dahomey. — Recrutement d'un escadron de spahis volontaires. — Départ des escadrons.

Vers la fin de juillet, une note officielle émanant du commandant supérieur des troupes du Sénégal, nous apprend, à Dakar, que le colonel Dodds a obtenu du ministère l'adjonction au corps expéditionnaire du Bénin de l'escadron de spahis sénégalais et d'un escadron de spahis auxiliaires qui devra être recruté parmi les tribus sénégalaises placées sous notre protectorat.

Cette bonne nouvelle nous est communiquée au cercle; elle est accueillie par les hourras des officiers qui, tous, sont enchantés d'abandonner une existence végétative pour participer à la campagne déjà commencée.

De superbes projets sont rapidement élaborés ; on cause très haut; on rit beaucoup, on s'échauffe, et, bien entendu, on n'oublie pas de se rafraîchir.

Trois ou quatre jours après, je reçois l'ordre de faire partie d'une commission, avec MM. Leclerc, administrateur à Saint-Louis et Compagnon, lieutenant à l'escadron. Nous sommes chargés de recruter rapidement un escadron de spahis auxiliaires, hommes et chevaux, parmi les contingents présentés par le Cayor, le Baol, le Oualo, le Djoloff, le Siwe, le Saloum, etc.

En moins de cinq jours, nous avons trié 110 hommes et autant de chevaux, avec le même nombre de harnachements indigènes. Nous acceptons des hommes de toutes tailles et nous prenons certains chevaux ne mesurant pas plus de 1m,32. Nos convois sont formés au fur et à mesure et embarqués en chemin de fer sous la conduite de quelques sous-officiers de l'escadron.

Le coup d'œil est très pittoresque; les scènes, très amusantes. Cette foule de noirs aux costumes bariolés qui grouille autour des partants; les griots (1), hurlant les louanges de tous ces guerriers qu'ils ont déjà transformés en héros; le bruit des tamtam, le hennissement des chevaux, le sifflement de la locomotive, le roulement du train qui part, les derniers burnous qui flottent au vent par les portières en signe d'adieu, forment un tableau bizarre et inoubliable, qui se reproduit à chacun de nos centres de recrutement.

Notre mission terminée, nous rentrons à Dakar, où nous trouvons nos recrues installées dans les bâtiments de dissémination dits des « Madeleines II ». Leur débourrage est commencé par les gradés noirs de l'escadron régulier; il est à peu près impossible

(1) Sorte de troubadour, formant une caste à part, très recherché à cause de ses bouffonneries; peu estimé mais redouté, parce qu'on le croit un peu sorcier.

d'employer à l'instruction des cadres européens; la plupart de nos spahis auxiliaires ne comprenant pas un mot de français.

Tout d'abord, nous avions supposé que notre escadron devait partir tout entier, mais bientôt nous apprenons qu'il fournira seulement 80 spahis montés, 2 officiers et un certain nombre de sous-officiers et de brigadiers. Le reste des cadres sera complété par des officiers, des sous-officiers, des brigadiers et des élèves brigadiers venant de France et d'Algérie.

Première déception ! premier nuage à l'horizon ! Chacun invoque une raison plus ou moins plausible pour motiver son départ, pour être du nombre des « spahis du Bénin » c'est le nom que doit porter la cavalerie. De moi, il n'en est pas question ; je suppose que l'on m'a oublié et qu'il me suffira de dire un mot pour réparer cette omission ?

Notre capitaine-commandant M. d'Huteau, est en congé de convalescence de trois mois. Le capitaine en second, M. Besset, est en route pour rentrer à Dakar, après une campagne pénible au Soudan ; les deux lieutenants, MM. de Sahune et Basset, qui l'ont accompagné, sont partis pour France. A qui va-t-on donner le commandement de l'escadron?

Le courrier de France nous parvient le 13 août; il nous apprend que le commandement a été réservé au chef d'escadrons Villiers, qui, depuis trois ans à peine, a laissé la direction des spahis sénégalais au capitaine d'Huteau. Cette nouvelle est accueillie avec une vive satisfaction par tous ceux qui ont servi autrefois sous les ordres du capitaine Villiers. Les noirs surtout se rappellent les quelques jolies pages de cette période dans les expéditions du Baol, du Saloum et du Rip; ils n'ont pas oublié les fantasias et les tamtam qui succédaient à chacun de leurs succès.

Les mêmes journaux mentionnent que le *Mytho*, transport de l'Etat, et le *San-Nicolas* de la compagnie des Chargeurs-Réunis, vont prendre à Oran le bataillon de légion étrangère, et qu'ils amènent en outre 60 soldats du génie, le complément des escadrons du Bénin, ainsi qu'une notable cargaison de matériel et d'approvisionnements.

Le lendemain, au matin, le *San-Nicolas* fait son entrée dans le port de Dakar.

Immédiatement, je me précipite aux renseignements. Arrivé sur le quai, je rencontre le commandant Villiers qui venait de débarquer. Je me présente à lui et lui demande s'il a reçu des ordres me concernant ?

— Non, me dit-il; j'amène un vétérinaire qui a été désigné pour marcher avec l'escadron; et, sans doute, on a l'intention de vous laisser à Dakar, puisque votre capitaine commandant ne fait pas partie de l'expédition.

Cette réponse a pour résultat de me mettre hors de moi; ne sachant qui incriminer, je me prends sottement au commandant.

— Alors, lui dis-je, vous ne voulez pas de moi ? Pourtant je suis venu au Sénégal sur ma demande, dans l'espoir de prendre part un jour à l'une de ces expéditions dont les anciens m'ont tant parlé. J'attends cette occasion depuis un an; elle vient à se présenter ; mon escadron est de la fête ; mes camarades marchent avec lui, et l'on me laisse ici pour soigner les infirmes et les femmes !

Tout d'abord, mon interlocuteur est désagréablement impressionné par mon attitude peu militaire, aussi bien que par ma boutade intempestive. Je me rends compte qu'il hésite un instant. Va-t-il m'arrêter sur les jarrets, comme je le mérite, ou essayera-t-il de me consoler ?

— Allons, mon jeune camarade, reprend le commandant, un peu de calme. Je vais faire tout mon possible pour vous donner satisfaction.

Je le quitte sur ces paroles consolantes, et je cours annoncer à mes camarades le succès de ma démarche; car, je n'en doute plus un seul instant, bien que connaissant à peine depuis quelques minutes mon nouveau chef, je sais qu'il aura l'influence nécessaire pour obtenir ce qu'il demandera.

En effet, le soir même, j'étais fixé par une réponse favorable.

Le commandant Villiers avait avec lui à bord du *San-Nicolas*, les capitaines de Fitz-James et Crémieu-Foa; deux lieutenants, Legrand et Basset ; le premier un de mes anciens amis du 5e chasseurs d'Afrique; le second comptait déjà depuis longtemps à l'escadron où je l'avais connu avant son départ pour la précédente campagne au Soudan. Il y avait, en outre, une vingtaine de sous-officiers, brigadiers et élèves brigadiers, et de trente à trente-cinq chevaux, destinés à compléter les cadres et les effectifs des deux escadrons en formation.

Dans l'après-midi, nous sommes tous réunis au

quartier, et l'organisation des escadrons est définie de la façon suivante :

Chef d'escadron : commandant Villiers.

1er escadron (réguliers).

Capitaine commandant: De Fitz-James.
Lieutenant en 1er: A. de Tavernost.
Lieutenant en 2e: Legrand.
— — Basset.
Vétérinaire : Schelameur.

2e escadron (volontaires).

Capitaine commandant: Crémieu-Foa.
Lieutenant: Perrier.
Vétérinaire : Roynard.

Les sous-officiers européens Chollet et Berton sont adjoints au lieutenant Perrier pour le commandement des pelotons du 2e escadron.

Pour la forme, les chefs de chacun des différents contingents volontaires sont gratifiés d'un galon de sous-lieutenant.

Les journées suivantes sont employées à compléter cette organisation. Le 1er escadron est embarqué le 15 à bord du *San-Nicolas*; le 16 au matin, le chargement de ce navire est complété avec un peloton du 2e escadron. Le reste de cette troupe sera embarqué ultérieurement sur la *Ville-de-Céara*, qui est attendue à Dakar du 20 au 25.

Je suis désigné pour faire partie du deuxième convoi avec le capitaine Crémieu-Foa et le lieutenant Perrier. Mon collègue, déjà installé à bord du *San-Nicolas*, accompagnera le premier.

Nous disons au revoir à nos camarades et le bateau lève l'ancre à midi, suivi de près par *le Mytho*.

Pour ne pas déroger à une coutume établie depuis fort longtemps à l'escadron, j'ai été chargé d'organiser le service de la popote avec ses approvisionnements. Notre matériel est contenu dans deux cantines et nos provisions dans quarante caisses numérotées et marquées au chiffre de l'escadron. La répartition des différentes denrées a été faite d'une manière à peu près uniforme, c'est-à-dire que le contenu de la caisse n° 35 est presque conforme à celui de la caisse n° 3, dont voici la teneur :

1 boîte de saindoux de 1 kilog.
1 litre d'huile.
1 litre de vinaigre ;
1 paquet de sel ;
1 paquet de bougies ;
10 boîtes de conserves assorties ;
1 pot de beurre ;
1 flacon de confitures ;
1 bouteille de cognac ;
1 — d'absinthe ou de bitter ;
1 paquet de chocolat ;
1 — de sucre ;
1 — d'épices et 1 flacon de condiments ;
1 — de pâtes alimentaires ;
1 — d'allumettes ;
1 — d'alun cristallisé.

Le commandant Villiers a apporté quelques caisses d'excellent bordeaux. Le capitaine de Fitz-James, un panier de champagne et un panier de Banyuls. Le capitaine Crémieu-Foa a reçu quelques bonnes tablettes de chocolat Marquis : toutes choses fort appréciables, même et surtout en campagne.

En attendant mon entrée en fonctions, j'ai confié la haute main de la popote à mon camarade de Tavernost, qui s'est chargé du débarquement et de l'installation de nos approvisionnements à Kotonou.

Après le départ du *San Nicolas*, nous restons donc à Dakar pour attendre l'arrivée de *la Ville-de-Ceara*. Mes occupations sont très limitées, bien que je sois à la fois chargé de soigner hommes et chevaux. Je passe la plus grande partie de mon temps à baguenauder chez les camarades des autres armes qui, tous, envient notre sort et ne demanderaient qu'à nous suivre. Les soirées sont généralement égayées par la présence de quelques veuves inconsolées qui viennent déjà prendre des nouvelles des absents de la veille.

Les réceptions vont bon train à notre table; mais bast! nous venons de toucher une forte entrée en campagne! et, du reste, ce n'est pas le moment de songer au lendemain.

— Allons, garçon, encore du champagne!

. . . .

. . . .

Le 22 août, la *Ville-de-Céara* vient jeter l'ancre dans le port. La pluie tombe à torrents; et c'est sous ce déluge que nous procédons à l'embarquement de deux pelotons. Les chevaux sont amenés sur le warf de la compagnie française et descendus à l'aide d'une grue, dans les chalands. Une chaloupe à vapeur remorque ces embarcations et nos montures sont hissées à bord à l'aide des treuils, pour être ensuite amenées dans les stalles qui ont été construites à la hâte. Pendant les manœuvres de l'embarquement, mon camarade Perrier reçoit un coup de pied de cheval sur le front. Fort heureusement son casque amortit le choc ; néanmoins, il en résulte une blessure assez sérieuse pour entraîner un étourdissement passager.

Le lendemain, dès l'aube, le dernier poloton est embarqué ainsi que tous les bagages. Mon ancien cheval *Griot* tombe et se contusionne fortement le crâne contre le rebord d'un panneau (1).

A dix heures, tout est terminé. L'on n'attend plus que la poste pour se mettre en route. C'est le moment de déjeuner. On se met gaiement à table en compagnie de quelques amis qui sont venus nous serrer la main avant le départ. La conversation s'échauffe, stimulée par quelques bonnes rasades. Nous n'entendons ni le bruit de l'appareillage, ni le sifflet, qui annonce le départ. Le bateau est déjà en marche lorsque notre excellent ami Heiby, receveur des postes par intérim à Dakar, se rend compte de la situation. Il monte à la hâte sur le pont ; et, fort heureusement, peut hêler un côtre qui vient le cueillir sur l'escalier de notre transport.

Cinq ou six cents personnes rassemblées sur les quais saluent notre départ. Nous leur répondons en poussant un formidable : « Vive la France ! »

Le sillage va s'allongeant parallèlement à la côte

(1) *Griot* est mort d'apoplexie cérébrale quelques heures après notre départ.

entre Gorée et la presqu'île. Bientôt nous obliquons droit au sud; et la pointe des Mamelles disparaît progressivement dans la brume, au fur et à mesure que l'on aperçoit plus nettement le cap Rouge et la côte du Saloum.

Konakry. — Les îles de Loos.

Le 24, à trois heures du soir, nous venons mouiller à deux ou trois kilomètres de Konakry. J'obtiens l'aurisation de descendre à terre dans le canot affecté au service postal.

Konakry est une ville en construction dans une petite île excessivement fertile de nos possessions des Rivières du sud. Les rues y sont tracées larges et droites, bordées de jeunes plantations qui plus tard leur fourniront un bel ombrage. La résidence du gouverneur est une belle construction faisant face, d'un côté, à la place principale dont elle est séparée par une cour, de l'autre, regardant la mer et les falaises qui bordent celle-ci. Quelques factoreries en bonne voie de prospérité, indiquent un commerce important et rémunérateur; à signaler plus particulièrement les comptoirs de la Compagnie française et une maison allemande de Hambourg, je crois? Les frères des Missions ont une très belle propriété non loin de la Résidence. Je retrouve à Konakry l'une de mes anciennes connaissances de Dakar, M. Pougnan, agent des ponts et chaussées, qui m'offre gracieusement de me piloter dans l'île. Nous pénétrons sous des dômes de verdure formés par des ficus gigantesques, des cocotiers superbes, des kolatiers, plus petits, des orangers, des bananiers et d'autres essences dont le nom m'échappe. Partout le sol suinte la fertilité, qui déborde surtout dans les bas-fonds. Mon mentor me dit que la saison des pluies est fort longue dans cette contrée; ce qui, avec le soleil et l'épaisse couche d'humus, explique la luxuriante végétation qui s'étale autour de nous.

Après m'être arrêté un instant dans la factorerie de la Compagnie française, où j'assiste au pesage d'un lot de bœufs destinés au personnel de la mission Mizon et à la cuisine du bord, je profite de la gracieuseté du gérant, qui me donne son canot pour retourner à bord.

L'équipe de Kroumanes me ramène prestement, malgré une forte houle et le vent contraire; mes pagayeurs s'excitent par des chants rythmés suivant la cadence de leurs avirons. Il est presque nuit noire lorsque je rejoins la *Ville de Ceara*.

Après le dîner, les groupes se forment autour des tables. Les uns entament une partie de cartes; d'autres font des dissertations sur la campagne qui débute. Le lieutenant Mizon et les siens nous intéressent avec leurs récits concernant leur précédente exploration, ainsi qu'avec leurs projets pour la prochaine. Enfin, les jeunes de la bande, et S'Nabou est du nombre, passent leur soirée à jouer sur le pont; ici, c'est le coin des insouciants; on y chante très fort; on y rit à gorge déployée. Et ce sera ainsi pendant toute la traversée; les mêmes groupes se reformeront chaque soir, se fusionneront un instant, pour se reconstituer ensuite.

Les cales de la *Ville de Ceara* renferment une importante cargaison à destination de Konakry. Comme on est mouillé loin de la rade, à cause de la houle et du fort courant qui règnent dans ces parages, le débarquement traîne en longueur. Nous profitons de ce retard pour aller visiter les îles de Loos (1) que nous apercevons à quelques milles au sud. Ici, le sol est plus tourmenté; le terrain va en s'élevant assez brusquement; comme à Konakry, il est d'une fertilité remarquable, et l'eau des sources jaillit d'un peu partout. Les indigènes ne sont pas très rassurés à notre approche; nous sommes nombreux et nos costumes variés aux couleurs voyantes contribuent à les rendre méfiants. Les femmes surtout se glissent rapidement dans leurs cases; et c'est après bien des difficultés que notre camarade Bosano arrive à décider un groupe à poser devant son appareil photographique. Bientôt, grâce à nos gros sous et à nos petites pièces, la confiance renaît. Des jeunes gens vont nous cueillir des noix de coco au faîte des palmiers. Pour y arriver, ils se ceignent d'une liane en forme d'ellipse allongée qui, d'une part, s'appuie sur le stipe du cocotier, d'autre part, contre le rein du grimpeur; celui-ci s'arc-boute à l'aide des pieds contre le tronc, tandis que ses mains font progresser la liane à chaque coup de rein. Et c'est étonnant de voir avec quelle adresse et quelle vélocité nos bonshommes montent et redescendent.

Après cette charmante escapade, qui nous a mis en

---

(1) Les îles de Loos appartiennent aux Anglais, qui y ont établi des comptoirs et des écoles.

appétit, nous revenons à bord et chacun fait honneur au copieux dîner qui nous attend.

De Konakry à Sierra-Leone.

Le soir même, nous levons l'ancre vers onze heures à destination de Sierra-Leone, où nous arrivons le lendemain matin à 7 heures.

C'est une véritable ville qui s'élève en amphithéâtre devant nous : au bas, le long des quais, s'étendent de nombreuses factoreries, parmi lesquelles l'on nous fait remarquer l'établissement de la Compagnie française, le plus beau et le mieux situé. Des rues larges et droites partent du quai, s'élèvent perpendiculairement vers la ville haute que dominent de vastes casernes et une redoute dissimulée derrière des bouquets d'arbres. D'autres casernes ont été construites à quelques kilomètres, à une altitude de 4 à 500 mètres. De nombreuses maisons de campagne sont disséminées sur les flancs des collines qui entourent la ville ; elles sont plus ou moins cachées sous le rideau de verdure qui tapisse toutes les pentes, plus particulièrement pendant la saison des pluies. La ville proprement dite est, paraît-il, assez malsaine; mais, la plupart des Européens, principalement les Anglais, passent une partie de la journée et surtout la nuit dans les habitations de campagne dont nous venons de faire mention.

Quelques bateaux de commerce sont en rade ; le nôtre n'est pas encore mouillé que, déjà, il est entouré d'une vingtaine d'embarcations aussi bariolées que les indigènes qui les conduisent. Ceux-ci font un charivari infernal dans un mélange invraisemblable de langues et d'idiomes; ils viennent nous arracher jusque sur l'échelle, et c'est à coups de poing et de canne que j'arrive à me frayer un passage pour embarquer dans le canot le plus proche de la plate-forme. Quelques camarades viennent me rejoindre avec le capitaine Crémieu-Foa; celui-ci connaît suffisamment l'anglais pour donner des ordres à nos canotiers et nous faire accoster à un débarcadère qu'il leur désigne. Les Kroumanes refusent tout d'abord de nous y conduire; nos cannes, qui se lèvent avec ensemble, et nos physionomies courroucées, ramènent nos piroguiers à de meilleurs sentiments. A peine débarqués, on nous explique que nous n'avions pas le droit de débarquer à cet endroit, qui est exclusivement réservé aux officiers anglais.

Nous ne tardons pas à être assaillis par une foule d'indigènes qui nous offrent les mille petits services accoutumés; ils insistent plus particulièrement pour nous piloter chez le beau sexe de l'endroit.

Et dire que nous sommes chez ces prudes Anglais qui ont élevé ici autant de temples qu'il y a de maisons de prostitution !...

Nous arrivons, non sans peine, à semer en route tous ces importuns, n'en conservant qu'un seul pour nous conduire chez le consul de France. Celui-ci, dont j'ai oublié le nom, est un parfait galant homme; il nous accueille avec empressement, nous fait visiter une bonne partie de la ville en nous donnant des explications très intéressantes sur les habitants et les coutumes.

C'est avec lui que nous entrons chez nos compatriotes de la Compagnie française, où nous sommes reçus, en l'absence de M. Maillat, par le sous-agent, M. Pourrière, qui se multiplie pour nous être agréable.

Les soldats que nous rencontrons sont fort bien tenus. Les policemen indigènes nous toisent d'un air arrogant; ces bons nubians anglais se croient évidemment bien supérieurs à nous qui ne sommes que des officiers français...; et nous croisons un major, correctement sanglé de sa noire tunique, coiffé d'un petit bonnet de police, ganté, une badine à la main, une large cravate de soie au col, à demi étendu dans un palanquin recouvert d'un ciel et porté par deux valets indigènes. Il nous regarde... et daigne répondre à notre salut...

Cette journée passée à terre nous paraît fort courte. Nos amphitryons nous accompagnent à bord, où ils acceptent de partager notre dîner ; ils ne nous quittent qu'après que le sifflet a annoncé le départ.

— Bonne chance et bonne santé, mes amis! nous dit le consul.

— Vivent nos compatriotes de Sierra-Leone! répondons-nous en chœur.

Grand-Bassam.

De Sierra-Leone à Grand-Bassam, la traversée est peu mouvementée. La mer est absolument unie comme une glace; elle prend la teinte grisâtre des nuages qui la surplombent et de la buée qui nous enveloppe. On est constamment en moiteur dans cette atmosphère chaude et humide (1).

De temps à autre, l'un de nous signale à l'attention de tous une troupe de marsouins dont les bonds nous amusent pendant un moment. La distribution des repas aux chevaux, les aspersions à l'eau de mer, viennent rompre aussi la monotonie des journées. Les soirées sont toujours égayées par les causeries, les jeux et les chants; quelques-uns de nos artistes improvisés sont réellement très amusants. Quoique toujours chaude, la température se prête davantage à nos ébats.

Nous arrivons devant Grand-Bassam dans la nuit du 28 au 29. Quelques-uns de nos compagnons se préparent dès l'aube à nous quitter. Je demande l'autorisation de descendre à terre dans le but de serrer la main à l'un de mes amis, M. Fournier, chef du secrétariat de la résidence. Cette permission m'est accordée. Toutefois, le capitaine du navire me fait observer que la barre est un peu forte et que pour peu qu'elle augmente, j'aurai des difficultés à rejoindre le bord.

M. l'administrateur Bricart me prend dans son canot avec le capitaine Lechâtellier, et nous allons d'abord accoster le *Taygète*, de la compagnie Fraissinet, qui arrive de Kotonou. C'est une belle occasion pour avoir des nouvelles toutes fraîches du Dahomey et des camarades qui nous ont précédés à la colonne. Nous sommes accueillis par le commandant du bord qui nous informe de l'arrivée à Kotonou, le 23, du *Mytho*

(1) La température oscille autour de 36°.

et du *San-Nicolas*. Le déchargement de ces navires était commencé lorsque la *Taygète* a quitté le port.

—Voici maintenant, ajoute cet officier, quelques renseignements concernant les opérations effectuées par la première colonne dirigée par le commandant supérieur contre les Dahoméens. Partie de Porto-Novo le 16, elle a traversé péniblement la lacune d'Adjara et a enlevé le village de Takon le 20. Pendant cet engagement, les commandants Lasserre et Riou ont été légèrement blessés; quelques soldats indigènes ont été tués. Nos troupes se dirigent vers Késenou, sur l'Ouémé, à environ 20 à 25 kilomètres au nord de Porto-Novo.

Un monteur mécanicien qui a travaillé au wharf de Kotonou, complète les renseignements précités en nous annonçant que cette construction, bien que n'ayant pas encore été livrée à la compagnie, est déjà utilisée pour le déchargement des navires qui amènent des troupes et des approvisionnements.

Nous renonçons à descendre à Grand-Bassam, dans la crainte de ne pouvoir nous réembarquer. La barre a augmenté, et ses énormes volutes viennent déferler avec fracas sur la plage. Un ou deux kilomètres à peine nous séparent de celle-ci. Nous apercevons distinctement la résidence au-dessus de laquelle flotte le pavillon français; et, disséminées sur cette plage, quelques factoreries et quelques cases. Au delà, un rideau de forêt forme le fond du tableau qui n'a rien de séduisant.

Passage de la barre.

De Grand-Bassam à Kotonou.

Nous rentrons à bord vers 10 heures du matin. A midi l'on se remet en marche, le cap vers Kotonou. Nous arrivons à destination le 2 septembre, à 8 heures du soir, non sans avoir passé la veille une soirée charmante avec les officiers du bord et les passagers qui nous font leurs adieux avant de continuer leur route vers le Sud. Pendant cette petite fête, notre camarade Perrier est étourdissant de verve et d'entrain, ses chansonnettes comiques et ses monologues nous rappellent Lassouche, Bruant, Baron, Coquelin, Dupuy, etc.

D'autres, non moins joyeux convives, contribuent à entretenir la bonne humeur et le fou rire.

Les amis Bosano, Mouveaux, Mérienne-Lucas, sont à l'orchestre. Le docteur du bord, un excellent camarade, est très occupé à déboucher le champagne dont il recherche le degré d'alcool à l'aide d'un thermomètre maxima. Ce sont sans doute les vapeurs de la machine et la fumée des cigarettes qui lui ont troublé les sens et affaibli les extenseurs qui se refusent bientôt à le maintenir dans la verticale.

Et, pour clore la fête, le capitaine Crémieu-Foa vient gravement en chemise de nuit nous annoncer que le coq du bord a tinté la deuxième heure!

Arrivée à Kotonou.

Il est 8 heures du soir lorsque la *Ville-de-Ceara* jette ses ancres. Nous sommes tous réunis sur le pont, d'où nous apercevons, en avant, du côté de la terre, les feux de position des navires de guerre et ceux de quelques bateaux de commerce. Plus loin, nous voyons le feu de l'extrémité du wharf; et, semblables à de petites étoiles, voilées par la brume, les lumières des baraquements et des factoreries. L'on n'entend que le roulement sourd de la barre qui vient se briser sur la plage. Bien que nous soyions mouillés à près de 2 kilomètres de celle-ci, le fond ne dépasse pas 10 à 12 mètres, en tout temps, car la marée est peu accentuée.

Il fait une atmosphère de plomb. L'air des cabines n'étant plus renouvelé par la marche du bâtiment, il nous est impossible de dormir dans nos couchettes. Chacun se case tant bien que mal dans la salle à manger, dans le fumoir, sur la passerelle. Je m'endors profondément vers minuit et jusqu'au petit jour.

Dès 6 heures du matin, tout le monde est sur pied pour préparer le débarquement. Quelques-unes des stalles sont démolies, afin de ménager un passage à la chaîne des treuils. Quelques canots accostent. Le premier amène le commandant Villiers, qui vient prendre des nouvelles de notre détachement; il nous annonce que l'escadron de spahis réguliers n'a pas encore quitté Kotonou; mais, dans la journée, deux pelotons seront envoyés à Porto-Novo pour préparer notre installation.

Le débarquement ne commence qu'à 9 heures. Nous assistons au départ des premiers canots. Ces embarcations portent le nom de surbott; elles sont louées par l'Etat aux factoreries, à raison de 15 francs par voyage et montées par une équipe de treize Kroumanes ou Minas dont douze pagayeurs et un barreur; elles viennent accoster au-dessous des chaînes des treuils. Le box qu'elles contiennent est hissé sur le pont; on y fait entrer un cheval qui y est assujetti à l'aide d'une sangle sous-ventrière, d'un poitrail et d'une croupière. Puis contenant et contenu sont enlevés par le treuil et descendus avec précaution dans le surbott. C'est à ce moment que les piroguiers doivent déployer toute leur adresse pour recevoir cet énorme colis, le cueillir pour ainsi dire à l'extrémité de la chaîne, en profitant du court instant où la lame soulève l'embarcation, le déposer bien d'aplomb, décrocher rapidement le porte-mousqueton de la chaîne et s'éloigner du bord. Malgré la dextérité, je puis même dire l'audace de ces équipes, il arrive parfois des accidents. C'est ainsi que l'un de nos chevaux a été noyé dans les conditions suivantes : le box venait d'être déposé au fond du surbott; le mousqueton était décroché; une grosse lame souleva le canot; la chaîne, trop longue, pendit alors dans l'intérieur de la stalle et son crochet vint se prendre dans l'une des courroies; en même temps la lame s'abaissa, le canot redescendit, le box bascula et tomba à la mer. Notre pauvre cheval, assujetti par ses liens, ne put se dégager; sa prison se coucha sur le flanc et la victime resta la tête sous l'eau. Cinq ou six piroguiers se précipitèrent, le couteau aux dents, pour dégager le cheval; ils semblaient n'avoir aucun souci des requins qui abondent dans ces parages. Lorsqu'il parvinrent à retirer le noyé, ils n'amenèrent qu'un cadavre. Les squales ont fait la fête ce soir-là aux frais de l'expédition !...

Du bateau, les boxes sont transportés le long du wharf. Là encore il faut redoubler de précautions et d'énergie, les lames sont fortes, la barre commence à se former; souvent le cheval plonge deux ou trois fois dans l'eau avant d'être enlevé à une hauteur suffisante.

Les grues destinées au déchargement n'ont pas une vitesse suffisante; on est obligé d'y suppléer en attelant une cinquantaine d'hommes sur un câble qui remplace le treuil de la machine. Arrivés par-dessus le tablier du wharf, les boxes sont déposés sur les wagonnets du Decauville et amenés sur la plage.

Chaque équipe fait ainsi dix ou douze voyages par jour.

Le coup d'œil de la rade ne manque pas d'intérêt. Quelques équipes excitées par l'alcool et stimulées par les chants du barreur, les pagayeurs, assis sur le rebord du canot, le corps penché en avant, plongent en cadence leur pagaie à trois pointes et accompagnent au refrain la mélopée du barreur. D'autres font entendre, à chaque coup d'aviron, une sorte de sifflement bizarre, produit par l'air violemment aspiré et refoulé par la bouche, les dents restant serrées et les lèvres entr'ouvertes. Ces noirs sont superbes de musculature dans leur demi-nudité. Les Kroumanes portent leurs cheveux très courts; les Minas les rassemblent en quatre tresses, qui forment sur leur tête une double paire de cornes disposées en pieds de tabouret renversé, et lorsqu'ils se couvrent la tête d'une pièce d'étoffe, leur coiffure prend la forme d'une mitre d'évêque.

Vers 10 heures du matin, j'accompagne à terre le commandant Villiers et le capitaine Crémieu-Foa. C'est mon camarade Perrier qui doit surveiller à bord le débarquement.

Pour arriver dans le canot, nous descendons par une échelle de corde. Ce petit exercice de gymnastique n'est pas fait pour soulager un mal blanc que j'ai au médius de la main droite; malgré mon infirmité, j'arrive tant bien que mal à me caser. Mais le plus pénible est d'arriver sur le wharf.

Cet appontement en fer, d'une longueur totale de 280 mètres, se divise en deux parties : l'une, la passerelle, ayant environ 230 mètres de long et 5 ou 6 mètres de large; l'autre, le débarcadère, mesurant environ 50 mètres de longueur, sur 15 ou 20 mètres de largeur. Le tablier est supporté par des colonnes en acier, de 14 centimètres de diamètre, réunies entre elles par des poutrelles, des traverses et des arcs-boutants en fer. Le plancher est formé de madriers espacés les uns des autres d'environ 10 centimètres; il supporte deux voies de Decauville. A chacun des quatre angles du débarcadère existe une grue à bras, forte mais trop lente. Son extrémité est dans la zone de formation de ces grosses lames qui viennent se briser à cent mètres du rivage. Les pirogues peuvent accoster, lorsque la mer est relativement calme, à un escalier qui en rend l'accès facile; mais lorsque la houle est forte, que l'escalier est balayé à chaque instant par la lame, il faut grimper aux échelles de corde qui sont suspendues à un mât horizontal situé sur le même plan que le tablier. Profitant d'un moment où le canot est au faîte d'une lame, on se cramponne à l'échelle, et avec un peu de gymnastique on arrive sur le pont. Les passagers qui ne peuvent pas se livrer à cette petite acrobatie sont hissés dans un panier et donnent souvent lieu à des scènes comiques, car, avant qu'on ait eu le temps de les enlever, ils sont presque certains de prendre un bain de siège.

Cette dernière alternative et une petite pointe d'amour-propre me font choisir l'échelle que je gravis en grinçant des dents.

Nous voici donc à Kotonou ! ...

Les camarades de l'escadron nous attendent au débarcadère; on échange quelques cordiales poignées de main, et, comme c'est l'heure du déjeuner, nous nous dirigeons volontiers vers la popote, qui a été installée dans une petite annexe de l'établissement du télégraphe anglais. Les trois employés, nos compatriotes, nous accueillent avec la même courtoisie, la même affabilité qu'ils ont déjà témoignée aux officiers du premier détachement. Le directeur, M. Bonnard, s'est mis à notre entière disposition avec tout ce qu'il possède ; ses adjoints font chorus.

Pendant le déjeuner, la conversation roule naturellement sur les premiers engagements de la colonne. Nos camarades nous mettent rapidement au courant de la situation. Après les affaires du Décamé, les bandes dahoméennes se sont retirées vers Allada, et la colonne s'est concentrée à Késénou, sur l'Ouémé, où le bataillon de la légion étrangère est venu la rejoindre après avoir laissé un petit dépôt à Porto-Novo. Déjà un groupe a été envoyé à Fanvié pour aménager un petit camp retranché. Nous devons rallier le plus tôt possible, dès que les moyens de transport le permettront. En attendant, nous nous installerons dans les baraquements disponibles et nos chevaux seront placés à la corde sous des abris faits de perches et recouverts de roseaux et de chaume.

Kotonou.

Une lagune de sable, baignée au sud par le golfe de Guinée, bordée à l'est et au nord-est par une lagune qui conduit au lac Denham; enclavée au nord et à l'ouest par quelques redoutes reliées par des palissades, tel est l'emplacement de Kotonou. A 150 mètres en arrière du warf, s'élève le Télégraphe; c'est une construction en bois, bien aménagée et confortable; elle comprend deux étages sur pilotis. Une galerie persiennée entoure complètement les pièces intérieures qui sont ainsi bien aérées et relativement fraîches. Une ligne de baraquements disposés parallèlement à la plage sert d'hôpital et de magasins. Plus loin, et sur le même prolongement, je remarque les factoreries Régis et Fabre. En arrière de l'ambulance, se trouvent les baraquements où nous sommes provisoirement logés. Plus en arrière encore, des constructions servent d'entrepôts, d'ateliers, etc... Et, sur le bord de la lagune, on a installé les magasins du service administratif et aménagé un petit embarcadère. Le wharf est relié à celui-ci par une voie Decauville. Quelques petits commerçants indigènes ont construit des cabanes où ils vendent principalement des poissons, des fruits et quelques légumes. Ces établissements servent aussi de cantines pour les ouvriers employés aux différents travaux de la place.

Le village indigène proprement dit est de l'autre côté de la lagune.

J'allais oublier de mentionner le fortin situé à peu près à égale distance entre le fort Compérat et la plage, sur la ligne palissadée; il est construit en briques et comprend un rez-de-chaussée crénelé et un premier étage bordé sur ses quatre faces d'une véranda, aux angles de laquelle sont installés deux canons-revolvers. De ce poste, deux tirailleurs explorent en permanence du regard l'espace défriché qui s'étend entre la ligne d'enceinte et la lisière de la forêt que traverse le chemin de Godomey. Des abatis, des fils de fer, des trous-de-loups, des pieux, complètent la ligne de défense. A 200 mètres en avant du fortin et à droite, se profile une série déjà fort respectable de croix noires : c'est le cimetière.

Les abords du wharf sont embarrassés par une masse de matériel récemment débarqué : ici, c'est un monceau de caisses et de sacs; là, un entassement de carcasses de maisons; plus loin, des balles de foin recouvrent des alignements de barriques de vin et de tafia. Comment arrivera-t-on à débrouiller et à classer toutes ces choses?

Notre première soirée à Kotonou ne manque pas de gaîté ni d'entrain, grâce à l'amabilité des employés du télégraphe. Nos deux popotes fusionnent et M. Bonnard sait nous intéresser par ses anecdotes et ses récits concernant les débuts des hostilités.

De temps à autre l'on entend, quelque peu étouffé par le roulement sourd de la barre, le cri des sentinelles, qui, de poste en poste, va s'éteindre du côté de la lagune :

— Sentinelles, veillez!...

Le lendemain, dès l'aube, une grande animation règne dans tout le camp. Les pirogues recommencent à débarquer les chevaux et le matériel. Les limes et la meule crient sur l'acier des sabres; le café bout dans les marmites. Les gradés procèdent à la distribution de vivres et des munitions. Et tout ce mouvement semble s'accentuer à mesurer que le rideau de buée, fondu par le soleil, est remplacé par un rayonnement intense sur cette plage nue; les choses comme les êtres vibrent dans le miroitement de l'atmosphère.

Aux armes!... Il est midi, lorsque cet appel est lancé, du poste central, dans toutes les directions. Cinq minutes après, chacun est à son poste de combat,

Est-ce pour repousser une attaque des Dahoméens? Nous ne tardons pas à être mieux renseignés. C'est le commandant d'armes qui a voulu mettre notre vigilance à l'épreuve; il fait rapidement le tour de l'enceinte; et après son passage nous rentrons non moins vite chercher un peu d'ombre et prendre quelques heures de repos.

Les jours suivants s'écoulent à peu près dans les mêmes conditions et les mêmes occupations que le précédent. Le 6, tous nos hommes et nos chevaux sont arrivés à terre où ils sont convenablement installés.

L'on n'attend plus que l'ordre du départ. Mais comme nous devons gagner Porto-Novo par eau, et que la plupart des pirogues sont employées au transport des approvisionnements, force nous est de rester jusqu'au 12 à Kotonou.

Le 7, l'un de nos spahis indigènes meurt de la dengue. Nous accompagnons cette première victime au cimetière, où le commandant Villiers prononce quelques mots d'adieu à ce soldat qui n'a pas eu la consolation de mourir à l'ennemi.

Notre chef d'escadrons a hâte de rejoindre la colonne qui est déjà à Fanvié ; il profite de l'arrivée d'une canonnière pour remonter jusque-là, afin d'obtenir du colonel l'autorisation de disposer d'un nombre suffisant de pirogues pour transporter tout son monde. A son retour, nous apprenons que le premier détachement partira le 11 pour Porto-Novo, où déjà se trouvent les 2e et 4e pelotons du 1er escadron ainsi que mon collègue Roynard.

L'après-midi du samedi est employé à compléter l'aménagement des embarcations qui viennent d'être mises à notre disposition. Ce sont de grandes pirogues que l'on accouple bord contre bord, et sur lesquelles on installe une plate-forme faite de poutrelles et de planches, et bordées d'une ridelle où l'on a ménagé une entrée sur chacun des grands côtés. Ces pirogues, creusées dans le tronc de fromagers immenses, ne mesurent pas moins de 16 à 20 mètres de longueur, sur 1m30 à 1m50 de largeur, et 0m90 à 1m20 de profondeur. De petites plates-formes sont ménagées dans l'épaisseur du bois à l'avant et à l'arrière, celle-ci plus grande, afin de permettre aux piroguiers de se tenir debout pour diriger et pousser leur embarcation à l'aide de leurs longues perches ou quelquefois aussi avec leurs pagaies, analogues à la pelle du boulanger dont le manche aurait été considérablement raccourci.

Notre petite escadrille, comprenant quatre de ces plates-formes, est prête à recevoir son chargement.

De Kotonou à Porto-Novo.

Le dimanche, à huit heures du matin, l'embarquement est terminé, et nous disons au revoir au capitaine Crémieu-Foa et au camarade Perrier, qui doivent venir prochainement nous rejoindre à Porto-Novo avec leur escadron.

Notre embarcation part la dernière, emportant le commandant, le capitaine Fitz-James et de Tavernost; nous avons avec nous quelques sous-officiers, quelques hommes et une dizaine de chevaux; ceux-ci sont disposés sur deux rangs, l'un à l'avant, l'autre à l'arrière, la croupe en dehors. Une corde à fourrage tendue en travers, d'une ridelle à l'autre, limite leurs mouvements et sert à fixer les longes.

Nous remontons lentement la lagune, large d'environ 150 à 200 mètres. Elle est bordée de chaque côté par de hautes herbes, des bouquets de palmiers entrecoupés de clairières où l'on a planté du maïs et où l'on cultive du manioc.

Nos chevaux, qui ont d'abord été très calmes, ne tardent pas à se chamailler. L'un d'entre eux se tourne brusquement, décloue avec sa croupe tout un côté de de la ridelle et tombe à l'eau. Nous essayons d'aborder la rive voisine; mais, les herbes, qui sont aussi abondantes que la vase, nous empêchent de prendre pied.

Après un travail pénible, nous arrivons quand même à hisser notre turbulent quadrupède, non pas sur la plate-forme, mais dans le bout de l'une des pirogues où il se tiendra calme jusqu'à notre arrivée à Porto-Novo.

Nous quittons la lagune pour pénétrer dans le lac Denham et nous passons très près du village d'Avansouri, entièrement bâti sur pilotis, au-dessus de l'eau. Ces constructions, appelées todjis, sont très originales. Elevées d'environ 2 mètres au-dessus du lac, sur des pieux reliés par des traverses assujetties à l'aide de lianes, comme le sont du reste la plupart des pièces de ces constructions, elles ont une forme rectangulaire. Peu spacieuses, munies généralement d'une seule ouverture qui sert à la fois de porte, de fenêtre et de cheminée, elles sont recouvertes de feuilles de palmiers.

De la petite véranda descend une échelle primitive, au pied de laquelle se trouve attachée la pirogue qui constitue le meuble le plus indispensable de la communauté.

Le village d'Avansouri, comme celui d'Afatonou et quelques autres, a été construit par de malheureux habitants qui durent chercher là un refuge pour échapper aux incursions et aux pillages des Dahoméens, dont le roi, suivant la défense des féticheurs, ne peut traverser l'eau pour guerroyer.

Bientôt nous apercevons de nombreuses pirogues montées par des pêcheurs; et, dans le lointain, au nord-ouest, nous distinguons assez nettement Abomey-Calavi.

Les eaux du lac sont absolument calmes et peu profondes ; les perches des piroguiers font sourdre à la surface d'énormes bulles gazeuses et monter une colonne de vase noirâtre qui dégage une vilaine odeur de fermentation putride. Comme nous avons oublié d'emporter une provision d'eau potable (ma qualité de chef de popote m'oblige à avouer cette faute grave) nous sommes obligés de préparer notre absinthe avec ce liquide que renieraient nos carpes d'Europe. Mais il commence à faire très chaud, et ce n'est pas le moment de songer aux sources cristallines qui s'échappent des flancs du Jura ou des rochers des Cévennes. Le déjeuner est même très gai sur notre salle à manger-caserne-écurie-barque.

De temps à autre nous apercevons la tête et l'échine écailleuse d'un caïman qui se promène au voisinage des hautes herbes. Quelques-uns d'entre nous les tirent sans succès appréciable. Nous rencontrons aussi de véritables îlots de verdure flottant au gré du vent et des faibles courants. Ce sont des herbes qui ont été arrachées de la rive avec un magma de vase et sur lesquelles ont poussé d'autres herbes, des joncs principalement. Les indigènes cherchent à immobiliser en les fixant à l'aide de pieux ces îlots, qui pourraient enliser les abords de leurs villages.

En arrivant dans le canal de Toché, nous passons devant un poste primitif construit sur pilotis et au sommet duquel flotte notre pavillon. C'est, paraît-il, un poste de douaniers.

Une brise légère, soufflant de l'arrière, accélère quelque peu notre marche. Nous improvisons une voilure en tendant une grande tente de toile à l'avant de notre plate-forme. Les pirogues voisines nous imitent; mais comme ceux qui les montent n'ont pas de grande toile de tente, ils y suppléent en ajustant les uns à côté des autres des burnous et des pagnes, ce qui ne manque ni de couleur ni d'originalité.

Porto-Novo.

Il est plus d'une heure lorsque nous commençons à apercevoir Porto-Novo, et ce n'est qu'à 3 heures que nous débarquons le long du boté (1) de la factorerie Régis, où nous sommes reçus par les camarades Legrand et Basset, venus à notre rencontre. Le débarquement est rapidement mené. A 4 heures, nous pouvons nous mettre en route pour gagner notre casernement provisoire : camp des Amazones pour la troupe; camp des Haoussas pour les officiers.

Le détachement qui nous a précédés à Porto-Novo a préparé notre installation dans trois baraquements du système Dœcher. L'un nous sert de salle à manger, les deux autres constituent nos logements.

Dès le lendemain matin, je m'occupe de l'organisation définitive de la popote. Je ne conserve qu'une douzaine de caisses de provisions et je remise les autres dans le magasin qui est affecté aux escadrons pour

(1) Sorte de chenal creusé pour aboutir de la lagune aux différentes factoreries (ce mot est d'origine portugaise).

la durée de la campagne et placé sous la surveillance d'un brigadier. J'achète une vingtaine de dames-jeannes protégées par une enveloppe d'osier, d'une contenance moyenne de 20 litres, et je me procure également deux barriques de vin dont je fais répartir le contenu dans les bonbonnes et dans des bouteilles. Il m'est impossible de trouver des bouchons; je me vois forcé d'en faire confectionner avec les grosses nervures des feuilles de palmier. L'obturation des récipients est complétée à la cire.

Notre personnel se compose alors : d'un cuisinier, le spahi indigène Adrien Alby, qui n'a de chrétien que le nom; de trois gourguis (domestiques) que nous avons amenés du Sénégal : Mandoki, Mahmadou, Biram, et d'un spahis européen qui est chargé de me seconder dans la surveillance des précédents.

En trois jours tout est préparé; chacun est au courant des fonctions qui lui incombent.

Mon collègue Roinard s'occupe momentanément de la visite sanitaire des chevaux.

Et, comme il n'y a en ce moment à Porto-Novo qu'un seul médecin, le docteur Rangé, qui est suffisamment occupé à l'hôpital, je suis chargé de passer chaque matin la visite médicale des escadrons, et j'envoie à l'examen du docteur ceux de mes clients qui me paraissent plus ou moins gravement atteints (1).

(1) Avant leur départ de Dakar, nos hommes avaient été convenablement triés, particulièrement au point de vue sanitaire; malgré cela, quelques-uns avaient emporté des vers de Guinée (filaires); et c'est surtout ce parasite qui occasionnait les cas présents d'indisponibilité.

Me voici maintenant débarrassé de mes principales préoccupations. Je profite chaque soir des quelques heures qui précèdent celle du dîner pour faire avec deux ou trois camarades des excursions dans Porto-Novo.

Cette ville, qui compte environ de vingt à vingt-cinq mille habitants, est la capitale du royaume de même nom, et le séjour habituel du roi Toffa. Construite en partie sur un plateau qui domine la lagune, quelques-unes de ses rues descendent vers la berge, à une certaine distance de laquelle s'élèvent les factoreries. A proximité de la plupart de ces établissements l'on a ménagé un chenal permettant aux pirogues d'accéder à de petits débarcadères.

Porto-Novo est donc protégé naturellement du côté sud par la lagune et sur ses autres faces par un fossé profond, bordé intérieurement d'un mur en terre plus ou moins démoli par places. Cette ligne de défense existait avant l'arrivée des Français ; elle a été complétée ultérieurement par une série de petits fortins, répartis ainsi de l'est à l'ouest : fort Bécon ; fort Toffa ; fort Mousset ; fort des Amazones et enfin, redoute établie à l'un des angles de la factorerie Régis. Le mur d'enceinte de la Poste a également été mis en état de défense.

En avant du front des forts existe une ligne d'obstacles analogue à celle dont il a été fait mention en parlant de Kotonou.

La ville indigène proprement dite présente quelques curiosités, parmi lesquelles des cases fétiches, une mosquée et la place des marchés. A peu près partout, les rues sont étroites et tortueuses, bordées de murailles en argile durcie, qui sert également à la construction des parois des cases. A chaque pas, on rencontre des excavations desquelles on a retiré la terre qui a servi à bâtir les maisons voisines. Ces trous parfois très vastes, sont transformés en cloaques où la pluie détrempe les immondices de toutes sortes qui constituent un excellent humus pour les bananiers et les herbes gigantesques garnissant généralement le pourtour de ces bas-fonds. Mais aussi, l'on a peine à se figurer la puanteur qui s'en dégage sous l'action d'un soleil de plomb et dans cette atmosphère sursaturée d'humidité.

Les cases, généralement rectangulaires, sont plus ou moins spacieuses; quelques-unes seulement, sont à un étage; rarement elles présentent des ouvertures sur la rue, à l'exception bien entendu de la porte d'entrée. Ces habitations sont recouvertes d'une toiture très inclinée, faite de perches garnies de feuilles de palmier divisées par le milieu de la grande nervure. Les toitures débordent souvent et descendent très bas pour former auvent sous lequel se réunissent vers le soir les indigènes et leurs familles.

A certains carrefours, on rencontre des divinités grossièrement moulées dans la glaise, plus ou moins garnies d'attributs bizarres, parmi lesquels dominent les cauris (1) les arêtes de poissons et les plumes de

(1) Petits coquillages qui constituent en partie la monnaie du pays; leur valeur commerciale est variable suivant les régions; 20 à 30 représentent environ 1 centime.

poulets. A peu près partout Priape est en grande vénération et se présente muni d'un appendice formidable, sous lequel est déposée une coupelle généralement remplie d'huile sacrée.

Les marchés ne manquent pas d'une certaine animation. Marchands et marchandes tiennent boutique sur des nattes ou sous de légers abris en chaume ou en feuilles de palmier.

Les principales denrées mises en vente sont celles destinées à la consommation : poisson frais, poisson fumé, crevettes et huîtres; toutes choses provenant de la lagune et ayant un goût prononcé de marais. On y rencontre aussi des monceaux de maïs, des patates, des ignames, du manioc, des arachides, des haricots, de l'huile de palme, etc. Les fruits abondent, ce sont : les oranges, les citrons, les bananes, les mangues, les papayes, les noix de coco, les corossols, les avocats, les ananas, la pomme d'acajou ; un autre fruit très estimé et très recherché sur toute cette partie de la côte occidentale d'Afrique, depuis le Sénégal jusques et y compris le Congo, est la noix de kola, dont les noirs sont excessivement friands et qui provient en grande partie des Rivières du sud et de Sierra-Leone. Par-ci par-là, des bouchers et des charcutiers débitant généralement du mouton, de la chèvre, du chien et du porc. N'oublions pas les gargotes en plein vent où l'on prépare surtout une cuisine à base de farine de manioc et d'huile de palme. La farine de manioc remplace le pain ; elle est délayée en une bouillie épaisse à laquelle on fait subir une seconde cuisson, soit au four, dans des feuilles de bananier, soit en la malaxant en boules de la grosseur d'un œuf de poule que l'on fait rissoler dans de l'huile de palme.

Les patates se préparent généralement d'une façon très simple, en les plongeant dans l'eau bouillante.

L'igname comprend plusieurs variétés. La plupart peuvent être mangées après avoir été simplement grillées sous la cendre ou cuites à la vapeur, ou bien encore broyées en une pâte épaisse et assaisonnées à l'huile de palme et à la graisse de porc ou de mouton, fortement relevée par les condiments ordinaires, sel et piment. Mais il en est une autre dont l'âcreté ne disparaît qu'après un séjour prolongé dans l'eau bouillante; on peut alors la découper en fines tranches pour la faire sauter au beurre ou à l'huile.

Le manioc est une plante appartenant à la famille des euphorbiacées, cultivée par les indigènes qui font entrer sa racine dans leur alimentation. Cette racine contient un suc vénéneux, très âcre, qui lui donne un goût amer et que l'on élimine par expression dans un linge après avoir lavé et râpé la pulpe. La farine ainsi obtenue est desséchée à petit feu sur un récipient large et plat en argile.

Comme la plupart de ces préparations seraient naturellement très fades pour les palais aciérés des indigènes, ils y ajoutent du poisson fumé et des mixtures à base d'huile de palme fortement épicée.

Mentionnons également les marchands de liquides qui débitent le vin de palme; le pitou, sorte de bière obtenue par la fermentation du maïs; diverses tisanes, du lait aigri et surtout de l'alcool de traite qui, là plus que partout ailleurs, mérite bien le nom de tord-boyaux.

Sur les mêmes marchés, nous voyons des tas de bois à brûler, des jarres, des corbeilles, des nattes, des pagnes, des verroteries, de la ferraille, de la bimbeloterie, des instruments aratoires plus ou moins primitifs, etc. Et de partout s'élève un brouhaha intense ; c'est le cas de dire que l'on cause comme à la foire, et avec force gestes.

De toutes les familles qui habitent la Côte des Esclaves, le Nago, répandu sur tout le territoire de Porto-Novo, est certainement le plus sociable, le plus jovial, mais aussi le plus couard. Notre arrivée à Porto-Novo a attiré une foule d'indigènes vers le débarcadère, et l'on nous regarde avec une curiosité craintive lorsque nous passons à cheval dans les rues de la ville. Nos montures, qui paraissent très grandes relativement à la taille des quelques chevaux de Lagos que possèdent les traitants, ne manquent pas d'intimider les femmes et les enfants qui se garent vivement en poussant de grands cris.

Visite au roi Toffa.

Trois ou quatre jours après notre arrivée, le commandant Villiers nous invite à l'accompagner chez le roi Toffa. Nous montons à cheval à 5 heures du soir et notre petite cavalcade se dirige du côté du palais qui n'a de royal que le nom. Nous devons ainsi traverser presque toute la ville pour nous rendre du camp des Haoussas à la demeure princière. Notre guide nous amène devant une porte cochère ouverte à deux battants, contre lesquels sont cloués ou collés différents fétiches; c'est l'entrée du large couloir qui donne accès dans une cour quadrangulaire, assez vaste, au centre de laquelle s'élève un petit temple fétiche consacré à Priape; une véranda fait le tour à peu près complet de cette cour, au fond de laquelle se profile un auvent plus grand donnant accès dans les appartements de Toffa.

Le roi a été informé de notre arrivée et a donné l'ordre de nous introduire immédiatement. Sur notre passage, chacun s'incline en se découvrant l'épaule gauche en signe de profond respect, et cinq ou six musiciens, accroupis dans un angle, frappent avec frénésie sur de gros tam-tam, soufflent à perdre haleine dans des sortes de flûtes, ou agitent, en se contorsionnant, des instruments plus ou moins bizarres qui rendent des sons se rapprochant de ceux des cymbales et des castagnettes.

Toffa est assis sous la grande véranda du fond, dans un fauteuil recouvert de velours passé, garni de franges qui ont été dorées, et surmonté de la couronne.

Le roi est coiffé d'une casquette plate à visière dont le turban violet est recouvert de broderies et porte sur le devant l'inscription « King of Toffa ».

Les principaux cabécères, accroupis dans différentes poses autour de leur chef, sont généralement de très beaux noirs, bien pris et fortement musclés. Leurs cheveux sont relevés en forme de cimier sur le sommet et la ligne médiane du crâne. Leur torse est nu. Seuls, quelques bijoux et quelques amulettes ceignent leur cou et leurs poignets. Un grand pagne est rassemblé sur leur épaule droite ou roulé sur la natte et à leur portée; un pagne blanc, noué autour de la ceinture, leur tombe un peu au-dessous du genou, recouvrant une sorte de culotte en tissu multicolore large et courte. Ils sont nu-pieds et leurs sandales sont rangées dans un coin.

Le gouverneur a bien voulu nous faire accompagner par un interprète, M. Béraud, qui nous présente au roi Toffa, lequel nous tend successivement la main à tous et nous souhaite la bienvenue. Il nous fait apporter des chaises et nous offre du champagne. Nous préférons accepter du vermouth. On boit au succès de la campagne, à l'extermination des Dahoméens, et Toffa se dissimule momentanément derrière un pagne pour absorber le contenu de son verre. C'est, paraît-il, une coutume très ancienne : le roi ne doit boire au vu de personne, sans doute pour qu'il lui soit permis de jeter le liquide s'il suspecte la main qui le lui offre.

Une large tenture placée derrière le trône ayant été relevée par un cabécère, nous apercevons la voiture royale : c'est un vis-à-vis à quatre places avec siège pour le cocher et flèche pour l'attelage. Un autre vieux véhicule, l'ancien carosse, est surmonté d'une couronne portant la même inscription que celle de la casquette de Toffa.

Une quarantaine de femmes viennent nous regarder; ce sont les courtisanes du roi. Il en est de vieilles et de jeunes, de fort laides et d'assez jolies : l'ancien et le nouveau recrutement !

Après avoir conversé environ dix minutes avec le monarque de Porto-Novo, le commandant Villiers nous donne le signal du départ. Notre venue a attiré une foule compacte dans la petite rue qui conduit à la porte d'entrée du palais ; et, malgré la crainte que leur causent nos chevaux, les curieux préfèrent être un peu bousculés plutôt que de renoncer à nous voir de près.

***

Cette visite au roi Toffa avait naturellement été précédée par celles que nous devions au colonel commandant supérieur des troupes et au lieutenant gouverneur.

Quelques instants avant de quitter Dakar j'avais lié connaissance, par l'intermédiaire de mon ami Heiby, avec l'un de ses collègues qui retournait à Porto-Novo, reprendre la direction du service des postes et télégraphes. La traversée m'ayant permis de faire plus ample connaissance avec M. Villarem, nous étions déjà presque une paire d'amis en arrivant à destination. Aussi, dès le lendemain de notre débarquement à Porto-Novo, m'étais-je empressé de venir serrer la main à notre futur compagnon de colonne ainsi qu'à son collègue M. Vidal. De leur côté, les négociants européens de Porto-Novo, tout en se plaignant des conséquences immédiates des hostilités qui entravaient complètement leurs transactions avec l'intérieur, nous avaient accueilli avec la plus parfaite courtoisie et nos relations avec l'élément français devenaient des plus cordiales.

Moustiques, chiques et fourmis.

Notre séjour au camp des Haoussas n'est marqué par aucun incident grave. La chaleur est encore supportable, mais nous avons déjà à lutter contre deux ennemis au moins aussi sanguinaires que les gens de Béhanzin : je veux parler des moustiques et des chiques.

Grâce à nos petits moustiquaires, nous réussissons à nous garantir des piqûres des premiers. Bien que la plupart du temps nous portions des brodequins lacés haut, les chiques profitent du moindre instant où l'on change de chaussure pour envahir nos pieds, et s'incruster de préférence autour et sous les ongles des orteils. Ce petit parasite n'occasionne qu'une très légère démangeaison au début; il n'en est plus de même lorsque les femelles gonflées d'œufs prennent les dimensions d'un grain de mil, parfois même d'une lentille; alors survient un prurit souvent intense.

Le meilleur procédé pour se débarrasser de ces hôtes désagréables est de les extirper avec la pointe d'une épingle en ayant le soin de détacher leur rostre qui se trouve souvent incrusté à une profondeur de trois, quatre et même cinq millimètres. Il faut également se garder de crever l'abdomen pour éviter l'expansion des œufs dans la plaie où ils ne tarderaient pas à se développer pour entraîner des désordres plus considérables. Ces plaies, qui résultent de l'incrustation des chiques, sont soignées par les indigènes, soit par l'application de feuilles aromatiques, soit en les saupoudrant de tabac à priser. Nous obtenons une cicatrisation beaucoup plus rapide en touchant ces petites plaies avec un tampon imprégné de teinture d'iode.

Notre garde-manger est en butte aux attaques des fourmis, qui sont légion. C'est à croire que la croûte terrestre n'est pas suffisante pour les loger toutes ; elles envahissent certains arbres sur lesquels elles construisent des abris en terre, remarquables par la complexion de leur cloisonnement. Les débris alimentaires que nous laissons tomber sur le sol ne tardent pas à être recouverts et dévorés par des myriades de ces petits omnivores.

Départ de Porto-Novo.

Depuis plusieurs jours déjà, nous attendons impatiemment l'ordre de partir. Le petit détachement qui a escorté M. Villarem pendant la pose du fil entre Porto-Novo et Késenou, nous rejoindra à ce dernier poste. Déjà, nous apprenons que la colonne est arrivée à Dogba, où elle s'est solidement installée avant de reprendre sa marche sur la rive gauche de l'Ouémé, de manière à menacer Abomey. Il nous est à peu près impossible de la rejoindre par terre. Le niveau de l'Ouémé s'est élevé dans son cours inférieur, gonflant les ruisseaux et les marigots, et le lieutenant Legrand, qui a été envoyé en exploration avec son peloton vers le fleuve, revient nous annoncer que la région n'est plus praticable pour les convois.

Quelques plates-formes sont rassemblées au boté de la résidence et, le 17 septembre, un premier détachement est embarqué à destination d'Aguégué, petit îlot qui se trouve au confluent de l'Ouémé. Ces pirogues sont de retour le lendemain dans la matinée. A midi, le reste de l'escadron régulier est embarqué avec une partie du convoi. Les piroguiers, munis de leurs longues perches, dirigent leurs embarcations vers Aguégué, où nous débarquons à 3 heures.

Aguégué. — Pêche dans la lagune. — Départ pour Dogba. — Késenou.

Le village d'Aguégué est situé dans l'une des îles voisines de l'embouchure de l'Ouémé. Ses « todjïs » ressemblent à ceux des villages lacustres que nous avons déjà aperçus; pourtant, quelques cases ne sont pas construites sur pilotis. Notre campement est établi à deux ou trois cents mètres en avant du village. Les habitants, effrayés par notre arrivée, se tiennent blottis dans leurs cases lorsque nous venons visiter la bourgade.

L'interprète Mahmadou (1), garde civique du lieutenant-gouverneur, nous accompagne dans notre pro-

(1) Le dénommé Mahmadou est un ancien tirailleur sénégalais, d'origine toucouleur; il comprend et parle très suffisamment le toucouleur, le bambara, le woloff, le nago, le français et quelque peu le djedji (idiome dahoméen) et quoique paresseux comme une couleuvre et menteur comme une douzaine d'Arabes, il a été d'une grande utilité au commandant Villiers et à tout le détachement pendant la campagne.

menade et parvient à rassurer les indigènes, qui envoient d'abord au devant de nous de tout jeunes enfants, porteurs de différents présents, en signe d'amitié. Nous caressons les petits négrillons et nous acceptons les quelques poissons et les patates qu'il nous offrent.

Notre façon d'agir met les adultes en confiance, bientôt nous sommes leurs amis, après une distribution de tabac et de biscuit.

Nous leur demandons de nous procurer du poisson et des crevettes, mais il paraît que le moment n'est pas propice pour pêcher ces crustacés et nous devons nous contenter d'un panier de petits poissons ayant quelque peu l'aspect du goujon, et qui nous fourniront une friture délicieuse.

Les riverains de la lagune se livrent tous à la pêche, qui leur procure la majeure partie de leur nourriture. Ils se servent généralement de filets de formes et de grandeurs variables. L'engin qu'ils semblent préférer, dans cette région, consiste en un filet en forme de poche dont les bords sont fixés à une sorte de grande fourche. Les pêcheurs, montés sur leurs pirogues, sont généralement par groupes de deux; l'un dirige l'embarcation, l'autre reste debout à l'avant pour plonger son filet au fond de la lagune et le soulever de temps à autre à l'aide du manche de la fourche. D'autres emploient des filets à peu près semblables à ceux de nos pêcheurs du littoral. Quatre noirs, montés sur deux pirogues, fixent une des extrémités de leur filet à chacune des embarcations et le traînent au fond de l'eau. L'un des piroguiers conduit le canot, l'autre chasse le poisson vers le filet au moyen d'une perche.

Avant de rentrer au camp, nous achetons des œufs, quelques poulets et trois porcelets pesant chacun cinq kilos. L'un de ces derniers, mis à la broche le lendemain matin, nous fournit un excellent déjeuner. Les deux autres seront emportés pour servir de réserve alimentaire.

Notre camarade Perrier a eu l'heureuse idée d'acheter à Porto-Novo une meule de gruyère renfermée dans une enveloppe de zinc. Ces 20 kilos de fromage seront appréciés pendant une bonne partie de la campagne.

Le 19 au matin, le premier peloton est embarqué à destination de Dogba.

Vers trois heures de l'après-midi, nous voyons descendre l'*Opale*. L'enseigne de vaisseau, M. Latourette, qui commande cette canonnière, faisant ralentir la marche du bateau, nous apprend que la colonne a été attaquée le matin même à Dogba par les Dahoméens; le lieutenant Badaire a été tué et le commandant Faurax, grièvement blessé, est évacué sur l'ambulance de Porto-Novo.

Deux heures plus tard, l'*Opale* revient et stoppe pendant quelques minutes en face de notre camp. Nous en profitons pour aller recueillir des détails complémentaires concernant l'affaire de Dogba. Le commandant Villiers remet un pli à l'adresse du colonel, dans le but d'obtenir à bref délai toutes les plates-formes nécessaires à notre détachement pour rejoindre la colonne.

Le lendemain, 20 septembre, le 2e peloton, remorqué par la *Topaze*, part à destination de Késossa, situé à

7 ou 8 kilomètres en aval de Dogba. Il devra préparer une installation pour le reste de la cavalerie.

Le 21 septembre, à 8 heures du matin, les canonnières *Topaze* et *Emeraude* nous amènent six plates-formes sur lesquelles nous embarquons les deux derniers pelotons du 1er escadron. A 9 heures, nous remontons l'Ouémé, laissant à Aguégué le 2e escadron qui reçoit l'ordre de nous rejoindre dès que les moyens de transport le lui permettront.

D'Aguégué à Késenou, c'est le confluent de l'Ouémé. La rivière est large; ses rives sont basses et plates, couvertes de bouquets de palmiers entrecoupés de clairières et de bas-fonds marécageux garnis de hautes herbes et de joncs.

La *Topaze*, qui nous remorque, atterrit à Késenou pour embarquer un petit détachement de nos spahis ayant servi d'escorte à M. Villarem pour établir la ligne télégraphique entre Porto-Novo et Késenou.

Notre brave télégraphiste ne tarde pas à sortir d'une baraque où il a monté ses appareils; sa rude tête de Catalan, sous son grand sombrero; ses bras nerveux semblant s'échapper des solutions de continuité de son maillot; ses jambes velues, à demi-protégées par un pantalon en toile devenu multicolore; ses sandales qui laissent passer au moins deux ou trois orteils, donnent à notre ami l'aspect d'un sanglier acculé qui va tenir tête à une meute. C'est qu'il patauge depuis plusieurs jours dans les terrains marécageux qu'il est obligé de traverser pour pousser sa ligne jusqu'à Fanvié.

Nous embarquons nos cinq spahis et seulement

quatre de leurs chevaux. Le cinquième est mort deux ou trois jours auparavant.

A partir de Késenou, le lit de l'Ouémé se rétrécit un peu et ses berges vont en s'élevant progressivement. A notre gauche, c'est-à-dire sur la rive droite, le terrain reste plat; sur la rive gauche, l'horizon est borné par une chaîne de collines d'abord éloignée et basse, puis plus rapprochée et mieux accusée, qui court parallèlement au fleuve vers lequel elle envoie des contreforts tels que ceux de Fanvié, de Dogba, etc. Toutes ces pentes sont très boisées. Le paysage qui se déroule devant nous est aussi beau qu'imposant. Les villages qui bordent l'Ouémé disparaissent sous des dômes de feuillage, leurs cases se perdent au milieu de cocotiers et de bombax gigantesques; souvent ils passeraient inaperçus si ce n'étaient les pirogues amarrées à la berge, les colonnes de fumée qui s'échappent au-dessus des huttes et surtout les attroupements des indigènes qui saluent notre passage par des yous-yous perçants et des gestes bizarres; ils étendent les bras en avant et en haut, les mains juxtaposées par leur face palmaire, puis ils les balancent alternativement de droite à gauche et de gauche à droite, en faisant glisser leurs mains l'une sur l'autre. Toutefois, les hommes nous paraissent plus impassibles que les femmes et surtout que les enfants.

Nous dépassons successivement Danou et Fanvié et nous nous installons pour déjeuner dans la cabine du maître qui commande la *Topaze*.

Késossa. — Reconnaissance sur Dogba. — L'aspect du champ de bataille.

Vers 3 heures de l'après-midi, nous apercevons quelques vareuses rouges sur la rive droite du fleuve;

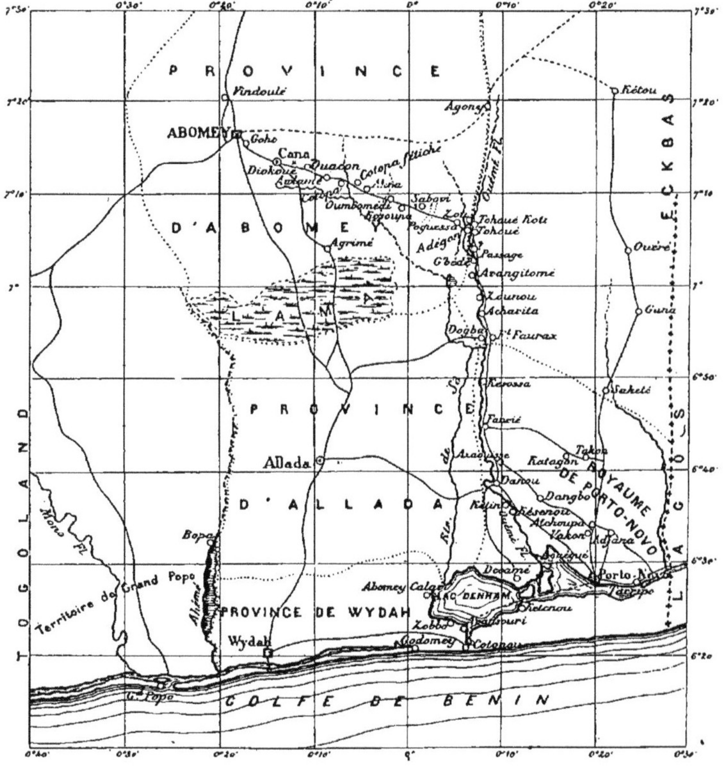

c'est un poste installé par le deuxième peloton à la hauteur de Késossa.

Nous abordons et le débarquement s'effectue aussitôt en découplant les plates-formes et en aménageant un pont-volant à l'aide de perches recouvertes de branchages et d'herbes. L'état marécageux du terrain ne permet pas d'établir le campement sur les bords du fleuve; il faut nous installer à l'ancien emplacement que la colonne a quitté une semaine auparavant et qui se trouve à environ 500 mètres en arrière et sur la lisière d'un rideau de forêt. Quelques pirogues chargées de matériel et d'approvisionnements sont amarrées et laissées à la garde d'un petit poste pendant que nous allons établir notre campement.

Nos trois pelotons sont disposés en carré. Des groupes de sentinelles sont installés à 100 mètres en avant de chacune des faces.

Nous nous disposons à dîner lorsque le chef de l'un des petits postes amène au commandant un indigène suspect qu'il vient de surprendre rôdant autour du campement. C'est un fort beau nègre âgé d'une trentaine d'années, coiffé d'un bonnet de coton noir, vêtu d'une petite camisole en cretonne bleue et d'une culotte courte et bouffante du même tissu (1). La physionomie exprime plus d'étonnement que de crainte; puis elle devient complètement impassible jusqu'à l'arrivée de l'interprète Mahmadou.

Le prisonnier raconte alors qu'il est originaire de Porto-Novo où il doit avoir encore de la famille. Son village a été razzié par les Dahoméens huit ou dix

(1) Un pagne enroulé autour de la ceinture qui supporte un couteau dans sa gaine en cuir.

ans (1) auparavant et il a été fait prisonnier avec bon nombre de ses compatriotes. Ses nouveaux maîtres l'ont d'abord emmené dans un tata (2) de l'autre côté et au nord d'Abomey. Quelques-uns de ses compagnons de captivité (les plus chétifs et les moins dociles) ont été immolés lors de la fête des Coutumes. Les autres ont été employés à la culture sous la surveillance de quelques guerriers; puis il a été pris comme porteur dans les expéditions faites par ses nouveaux maîtres, et c'est à ce titre qu'il servait dans le corps d'attaque de Dogba, lorsqu'il a pu profiter du désarroi de cette troupe en déroute pour s'échapper et chercher à regagner son village.

Bien qu'il paraisse sincère dans son récit, il ne serait peut-être pas prudent d'accepter sans contrôle cette version. C'est ce que lui fait traduire le commandant Villiers en même temps qu'il le prend à notre service comme porteur. Notre prisonnier ne paraît pas mécontent de sa nouvelle situation. Dans la suite, il se montrera même très dévoué à ses nouveaux maîtres.

La nuit arrive, le silence s'établit au campement en même temps que les feux s'éteignent. La lune se montre profilant les grandes ombres des hauts pal-

(1) Il est excessivement difficile d'obtenir des noirs des renseignements, même approximatifs, concernant l'époque de leur naissance ou la date d'un fait éloigné; quelquefois, pourtant, on arrive à un résultat lorsqu'ils font coïncider cette date avec un événement comme la mort d'un roi, l'arrivée d'un gouverneur, etc., etc.

(2) Sorte de grande enceinte aménagée pour la défense, entourée de murs en argile.

miers et des énormes fromagers. De temps à autre, le *garde-à-vous* d'une sentinelle, le hennissement d'un cheval, le cri d'un oiseau de nuit ou encore la chute d'une branche morte sur le sol, viennent troubler la période d'assoupissement qui précède le sommeil. La fatigue l'emporte et je m'endors profondément.

Le lendemain matin, j'accompagne avec quelques spahis mon camarade Legrand qui se rend à Dogba pour prendre des nouvelles de la colonne, annoncer notre arrivée à Késossa, et demander des approvisionnement en viande fraîche et en pains biscuités (1).

Nous suivons un chemin qui a été tracé par la colonne; il est suffisamment débroussaillé et aplani pour donner passage aux voitures système Lefebvre; mais maintes fois nous devons nous courber sur l'encolure de nos chevaux pour éviter d'être désarçonnés ou tout au moins décoiffés par les branches.

Le pays que nous parcourons est très couvert, les palmiers à huile abondent. Les quelques clairières que nous traversons, cultivées en sillons, sont plantées de maïs et de manioc. Nous apercevons cinq ou six indigènes qui se sauvent en criant : « Toffa, Toffa !... ». Ce que nous traduisons ainsi : « Nous sommes vos amis, des sujets de Toffa, ne nous faites aucun mal ! ».

A 4 ou 5 kilomètres de Késossa, nous rencontrons une équipe de soldats du génie occupée à poser une ligne télégraphique de Dogba à Fanvié, c'est-à-dire

(1) Des fours de campagne avaient été installés au poste de Dogba; ils ont suffi à nous approvisionner en partie tant que nous avons été sur la ligne de l'Ouémé.

allant à la rencontre du tronçon qui est établi par M. Villarem. Les travailleurs sont gardés par une section de tirailleurs sénégalais. Après une heure et demie de marche, nous rencontrons un petit poste à cheval sur le sentier. Nous sommes au pied de la colline sur laquelle est établi le camp de Dogba. En nous élevant d'une trentaine de mètres, nous arrivons sur le plateau, où 4 ou 500 tofanis sont occupés à construire des retranchements sous la direction d'un lieutenant et d'un garde artillerie (1) et sous la surveillance de quelques sapeurs.

Le groupe du commandant Lasserre reste seul au camp, le deuxième est parti le matin même dans la direction d'Oboa, avec le colonel et l'état-major, pour rejoindre le premier groupe commandé par le chef de bataillon Riou, qui avait été détaché la veille de l'affaire de Dogba pour frayer un chemin à la colonne et choisir un emplacement de campement.

Mon camarade Legrand expose le but de sa mission au commandant Lasserre; pendant ce temps, je descends sur la berge où l'on me dit que se trouve le convoi du service administratif, ainsi qu'une infirmerie vétérinaire dirigée par mon collègue Surjus. Nous faisons une longue causette et j'apprends que mon ordonnance, le fidèle Samba-Demba, est venu de Porto-Novo avec l'intention de reprendre son service, mais qu'il est encore indisponible par suite de nouveaux abcès déterminés par des filaires.

Je trouve mon brave serviteur en compagnie du

Le lieutenant Menou et le garde artillerie Rodes.

grand brigadier Malick. Tous deux sont en piteux état. Néanmoins, ils veulent me suivre et je suis obligé de parlementer pendant un bon quart d'heure pour les décider à se soigner encore pendant quelques jours. Braves gens! Que leur importe la souffrance? Ils ne comprennent qu'une chose : puisque nous marchons à la rencontre de l'ennemi, ils ne doivent pas rester en arrière.

Un légionnaire vient me prévenir que l'ami Legrand m'attend à la popote de la compagnie Poivre, où nous sommes invités à déjeuner. J'arrive et je trouve mes hôtes en train de savourer des beignets de cervelle que j'apprécie à mon tour. La conversation roule naturellement sur le combat de l'avant-veille. Bientôt, le vent nous apporte de fortes émanations de chair roussie. Je demande si le cuisinier n'a pas laissé tomber ses beefsteaks sur le feu. — Non, me répond le brave Amelot, qui aime toujours à rire, ce sont nos porteurs qui font des grillades dahoméennes.

Quelques instants après, arrive mon ancien compagnon de route le lieutenant Bosano. Bras dessus, bras dessous, nous allons ensemble faire un tour de promenade aux environs du camp.

Déjà la plupart des morts ne forment plus qu'un amas de cendres; quelques bras et un certain nombre de jambes, émergent au pourtour des immenses brasiers.

Des armes brisées, des vêtements en lambeaux, des débris de projectiles gisent disséminés sur le sol tout maculé de sang et éventré par des centaines d'obus.

Les palmiers, tailladés et même transpercés par les

balles, laissent pendre tristement leurs longues branches fracassées par le plomb. Quelques-uns, encore souillés de sang, n'ont offert qu'un abri insuffisant aux guerriers qui étaient venus s'abriter derrière leurs troncs.

De larges ombres glissent rapidement en décrivant sur le sol des courbes sinistres ; ce sont celles des centaines de vautours qui semblent attendre notre départ pour ravir aux brasiers les restes des cadavres.

Des armes, des objets d'équipement, des gris-gris, des fétiches de toutes sortes ont déjà disparu dans les petites collections des vainqueurs.

Nous venons rejoindre nos camarades et, à 1 heure, le détachement reprend la direction de Késossa, où nous trouvons l'escadron occupé à ses préparatifs de départ pour le lendemain.

Avant la tombée de la nuit, tout est en ordre. C'est maintenant le moment de songer à nos amis de France et comme eux de boire aux vainqueurs de Valmy.

De Késossa à Achavita.

Le 23, l'escadron se met en route et arrive à Dogba vers 9 heures du matin. Les officiers du groupe Lasserre partagent avec nous leur déjeuner.

Dès midi, le commandant Villiers fait sonner à cheval, dans le but de rejoindre le jour même le gros de la colonne qui se trouve à 12 ou 15 kilomètres en amont de Dogba.

Mon chef de corps me laisse quelques spahis pour

débarquer et emmagasiner les caisses de provisions que je confie au garde-magasin du service administratif.

Nous repartons vers 2 heures et nous rejoignons le convoi qui a été placé sous les ordres de mon collègue Roinard. Celui-ci a énormément de peine à faire serrer ses voitures. Quand l'une vient à verser, tout le convoi est arrêté ; il en est de même lorsqu'un de ces véhicules s'embourbe, et le chemin devient de plus en plus difficile. Tantôt il faut franchir des fondrières défoncées par les chevaux de l'escadron ; une autre fois nous avons à traverser un marigot où les hommes ont de l'eau jusqu'à la ceinture.

Je passe rapidement devant la ligne des voitures et j'arrive enfin à rejoindre l'escadron.

Deux pelotons viennent de franchir sur un pont primitif fait de branchages recouverts d'herbes, un marigot étroit mais profond. Cette passerelle improvisée, qui a été rapidement aménagée par les sapeurs de la colonne, s'est affaissée déjà considérablement sous le poids des chevaux. En outre, depuis deux ou trois jours, le niveau de l'eau s'est élevé, de sorte que le pont devient impraticable pour le reste de l'escadron et surtout pour le convoi. Nous envoyons nos hommes dans la brousse pour rapporter des brassées de branchages et de roseaux, et nous parvenons ainsi à faire passer encore sans accidents quelques chevaux non montés et conduits en mains. Mais les herbes se déplacent sous les pieds de nos montures ; quelques-unes effrayées, font un bond de côté et tombent à l'eau d'où on les retire non sans difficultés. Il est absolument indispensable de réfectionner la passerelle. Nous consacrons environ une heure à ce travail et le reste de l'escadron passe sans nouvelles entraves.

Le colonel, prévenu de notre arrivée, a envoyé à notre rencontre une section de légionnaires commandée par le lieutenant Cornetto.

Lorsque nous rejoignons la colonne, le soleil est déjà couché. Il est nuit noire quand nous avons terminé notre installation au bivouac.

Le convoi ne nous ayant pas rejoint, il nous est impossible de préparer notre repas. Mais nos camarades de la légion et de l'infanterie ne nous laissent pas longtemps dans l'embarras. Je vais avec Legrand partager le frugal dîner de la popote Drude; le commandant et nos camarades trouvent la même hospitalité aux autres tables.

Il est 8 heures et notre convoi n'arrive toujours pas. Des groupes munis de lanternes et de torches sont envoyés à sa rencontre. Comme nous le supposions, il a été retardé au passage du dernier marigot. Quelques cantines ont chaviré dans l'eau : la mienne est de ce nombre. On a dû décharger chacune des voitures pour faire transporter les colis sur l'autre rive; dételer et faire traverser à bras les voitures vides, les recharger ensuite.

Enfin, à 9 heures, le capitaine de Fitz-James et mon pauvre collègue peuvent à leur tour se restaurer et prendre un repos bien mérité.

Le 25 septembre, les groupes de débroussailleurs continuent à élargir le sentier qui remonte sur la rive gauche dans la direction du Tohoué.

Très fatigués par la marche qu'ils ont effectuée la veille, nos chevaux sont exposés en plein soleil à une température de fournaise. Autant que faire se peut, nous les abritons sous les quelques grands arbres disséminés sur cette ligne du carré. Malgré cette précaution, deux sont pris de congestion cérébrale ; l'un de ceux-ci, brisant ses entraves, s'échappe droit devant lui en un galop furieux; et, traversant comme une trombe une partie du campement, les hautes herbes, les broussailles, les touffes de cactus, il va s'effondrer dans un trou. Les cavaliers le retirent et le ramènent péniblement au bivouac. Aspersions d'eau froide, saignée, révulsion, ne l'empêchent pas de succomber quelques heures après. Le même traitement a plus de succès sur l'autre malade.

Un troisième se perfore la poitrine en s'empalant sur un pieu. Il est sacrifié et dépecé pour la distribution.

Dans la soirée, le lieutenant Perrier rejoint la colonne avec son peloton de spahis volontaires.

Le lendemain, les troupes se mettent en marche précédées par un peloton de cavalerie, la section du génie et les défricheurs. Des patrouilles de spahis envoyées sur la droite rencontrent quelques petites bourgades abandonnées et nous rapportent trois ou quatre chèvres qu'ils ont trouvées errant autour des cases.

On avance lentement, toujours à cause des difficultés naturelles que présente la région. A 9 heures, la tête de colonne s'installe pour camper dans une large clairière à proximité de Zounou. Le gros, le convoi et l'arrière-garde sont également formés moins d'une heure après.

Camp de Zounou et attaque des canonnières.

Avant de continuer la marche sur Tohoué, il est indispensable d'attendre que le chemin ait été rendu praticable et que les pirogues soient arrivées avec les approvisionnements et les munitions qu'elles portent. C'est pourquoi nous séjournons à Zounou jusqu'au 29 au matin.

Ce stationnement fait bien des oisifs. Après le déjeuner, les siestes se prolongent fort avant dans l'après-midi. La nuit arrive, mais presque personne n'éprouve le besoin de se reposer. Les retraites en fanfare de la légion nous distraient pendant une heure chaque soir, après le dîner. Et, malgré la sonnerie de l'extinction des feux, des groupes bruyants se forment un peu partout pour continuer la veillée. Le colonel ne peut tolérer ces petites licences et le groupe des spahis plus particulièrement est rappelé à l'ordre. Nous nous conformons assez volontiers aux remontrances qui nous sont faites; malheureusement, nos chevaux, rendus plus excitables par le repos qu'ils viennent de prendre et par la fraîcheur des nuits, se refusent obstinément à rester calmes et muets; ils se chamaillent comme des diables et leurs hennissements attirent encore une fois les foudres du commandement sur notre pauvre escadron.

Un soir, vers 11 heures, la chèvre que nous conservions pour les jours de disette ayant vu disparaître successivement ses deux ou trois compagnes, se met à bêler d'une façon lamentable. Je suis vite sur pied et je me heurte au camarade de Tavernost qui se précipitait également du côté de notre pensionnaire pour étouffer ses bêlements.

A nous deux nous constituons aussitôt un conseil de guerre et décidons à l'unanimité que si la malheureuse bête renouvelle ses appels, c'en est fait de sa vie.

— Mèêe-mèêe-mèêe !

Pauvre petite chèvre ! voici ton bourreau qui s'avance en la personne du cuisinier armé de son grand coutelas. Mèêéeee ... un dernier hoquet ... et c'est fini !

Il était temps ! La silhouette d'un adjudant se mouvait, à trente pas, dans notre direction. Deux secondes plus tard, nous disparaissions sous une case.

Il n'y eut pas de rappel à l'ordre ce soir-là !

Le 28 au matin, nous voyons un groupe de légionnaires, sous le commandement du lieutenant Clerc, se diriger vers les canonnières *Corail* et *Opale* et nous apprenons que le colonel vient de prescrire à M. de Fésigny, commandant le *Corail*, de reconnaître le fleuve jusqu'à Tohoué avec les deux canonnières renforcées chacune d'une section de la légion.

L'*Opale*, qui termine son déchargement, appareille quelques instants après le *Corail*.

Moins d'une heure après nous entendons au loin une vive fusillade, couverte de temps à autre par le grondement du canon, et nous songeons tout de suite à une attaque des canonnières par les Dahoméens. La lutte semble s'apaiser, même s'éteindre pendant quelques instants.

Puis la fusillade et la canonnade reprennent de plus belle et le combat se rapproche du camp. Enfin, voici les canonnières qui apparaissent à un coude du fleuve, elles s'avancent lentement et viennent atterrir sans être poursuivies.

Les légionnaires en descendent, soutenant trois ou quatre blessés; deux ou trois autres sont emportés sur des brancards. Le combat coûte, tant aux équipages qu'à la section ,un tué et treize blessés.

Les canonnières sont criblées de traces de projectiles visibles particulièrement sur l'*Opale,* dont les vitres ont complètement disparu.

Voici maintenant les renseignements que nous recevons au sujet de cette affaire :

Dès le départ, le lieutenant de Fésigny a fait prendre les postes de combat à chacun des équipages. A quelque distance en aval de Tohoué, les canonnières ont essuyé un feu de mousqueterie très nourri, bientôt accompagné de salves d'artillerie. Les Dahoméens, dissimulés dans les trous bordant les deux rives sur une longueur dépassant un kilomètre, ont renouvelé leur attaque, lorsque les canonnières sont redescendues après avoir viré de bord au coude de Tohoué.

Notre narrateur nous dit que tous les combattants se sont brillamment comportés et plus particulièrement M. de la Tourette, commandant l'*Opale,* qui est resté pendant toute la lutte à son poste de commandement fort mal protégé. M. Tinayre, le correspondant du *Monde illustré* a également fait le coup de feu à bord de l'*Opale*.

Tout rentre dans le calme, car voici l'heure du déjeuner et, après, celle de la sieste.

***

Au dîner, le commandant Villiers nous informe que la colonne va reprendre sa marche le lendemain, précédée par le 4e peloton de cavalerie en pointe d'avant-garde.

L'ami Pierre me communique ses petites impressions, je lui fais part des miennes.

— Mon vieux, cela va chauffer demain !

— Certainement, et nous aurons les prémices.

— Tu m'accompagnes ?

— Oui, oui.

— Bonsoir.

— Bonne nuit.

Malgré mon petit air crâne, je pense au lendemain avant de m'endormir et je rêve batailles.

Au jour, nous apprenons que les ordres donnés la veille ont été modifiés. Le groupe Riou doit partir en tête avec les débroussailleurs.

Nous sommes trompés dans nos prévisions ; les Dahoméens se sont retirés.

La colonne s'est mise en marche à 6 heures du matin ; elle s'écarte très peu du fleuve. Vers 9 heures, l'avant-garde s'arrête au milieu d'une clairière, bordée d'un côté par l'Ouémé, de l'autre par le fourré, et se met aussitôt à tracer l'emplacement d'un nouveau bivouac. Moins de deux heures après, la colonne tout entière est installée; le débroussaillement est à peu près terminé sur une longueur de 100 mètres.

L'une des faces du carré est immédiatement au bord de la rivière que surplombent des berges élevées. De l'autre côté s'élève un petit village dont l'accès est facilité par une large rampe en pente douce, le long de laquelle sont amarrées quelques pirogues.

Une douzaine d'indigènes viennent en avant des cases pour regarder notre installation; effrayés tout d'abord par notre arrivée, ils ont repris confiance.

Nous entendons caqueter la volaille. Cela me donne l'idée d'aller me procurer des œufs frais pour améliorer notre déjeuner.

Je quitte ma vareuse et mes chaussures, j'enveloppe mon revolver dans une serviette. L'ami de Tavernost, notre trésorier, me remet une vingtaine de sous absolument neufs et luisants comme de superbes louis, et je m'embarque dans une petite pirogue que l'un de nos Tofanis est chargé de diriger. J'aborde sans obstacle l'autre rive et je risque prudemment un pied sur le sable. Quelques Dahoméens sont rentrés dans leurs cases; il en reste quatre ou cinq des vieux qui comprennent que nous ne leur voulons aucun mal. Autant par gestes que par une imitation plus ou moins risible du chant de la poule qui vient de pondre, je me fais assez facilement comprendre. Le plus malin de la bande, sans doute, complète mes explications; tous se mettent à appeler les femmes, pour leur dire qu'un blanc vient chercher des œufs et des poulets. De part et d'autre, la confiance augmente; je m'avance sur la berge et bientôt je suis en possession de trois ou quatre volatiles et d'une vingtaine d'œufs. Mes beaux sous distribués, je regagne ma pirogue et je rentre au camp sans encombre.

Quelques camarades qui ont suivi des yeux ma petite opération envoient leurs cuisiniers au village par la même voie et dans le même but; mais ils n'ont pas de sous neufs, les piècettes doivent sortir du gousset.

Vers 7 heures du soir, nous voyons ou plutôt nous entendons arriver le capitaine Crémieu-Foa qui vient rejoindre la colonne avec son escadron de spahis volontaires. Cette troupe a éprouvé de plus grandes difficultés que nous pour traverser les marigots et les ruisseaux que nous avions franchis les jours précédents. Le niveau des eaux s'est élevé partout et bien des passerelles ont été submergées. Y compris le chef du détachement, plus d'un spahis a pris involontairement un bain.

D'Avangitonné à G'bédé. — Reconnaissances sur Tohoué. — Attaque de nuit.

Nous quittons Avangitonné le 30 à 6 heures du matin. Le deuxième escadron tout entier, sous la conduite du capitaine Crémieu-Foa, est d'avant-garde. Comme la colonne continue à côtoyer le fleuve, ne s'en éloignant jamais au delà de cinq ou six cents mètres, il n'est pas nécessaire de se garder de ce côté. Par contre la droite est flanquée de deux pelotons qui battent constamment le terrain à quelques centaines de mètres, chaque fois que la brousse est praticable. En certains endroits, la végétation est tellement dense qu'il serait impossible même à un chacal de franchir les fourrés.

Nous traversons un ou deux petits villages, qui viennent d'être abandonnés à la hâte, comme le dénote le désordre qui règne à l'intérieur des cases ainsi que l'éventrement des greniers à maïs. Quelques chiens se sauvent en aboyant. Nos hommes capturent deux ou trois chèvres et une dizaine de poules.

Le commandant Villiers a été chargé de suivre de près l'avant-garde avec un peloton, afin de choisir et délimiter un bon terrain de campement; il s'arrête dans une clairière mesurant environ de 1,200 à 1,500 mètres de longueur, 300 mètres de largeur, couverte de hautes herbes et dans laquelle sont disséminés quelques grands arbres et quelques broussailles. Cette clairière est bordée sur l'un de ses grands côtés par le fleuve, ses trois autres faces sont limitées par la forêt. Sur cette rive, la berge est élevée; en face, au contraire, au niveau et en aval du coude que fait le fleuve, c'est une plage sablonneuse qui va en s'élevant en pente douce jusqu'aux premières maisons du village de G'bédé, à 200 ou 300 mètres de la rive.

Le chef d'escadrons m'envoie aussitôt prévenir l'avant-garde de notre halte et donner l'ordre au capitaine de se maintenir à 1 kilomètre en avant de la colonne jusqu'à ce que celle-ci ait terminé son installation.

Je traverse un rideau de forêt profond d'environ 300 mètres, et je rencontre un village qui vient d'être

SOUVENIRS DE LA CAMPAGNE DU DAHOMEY

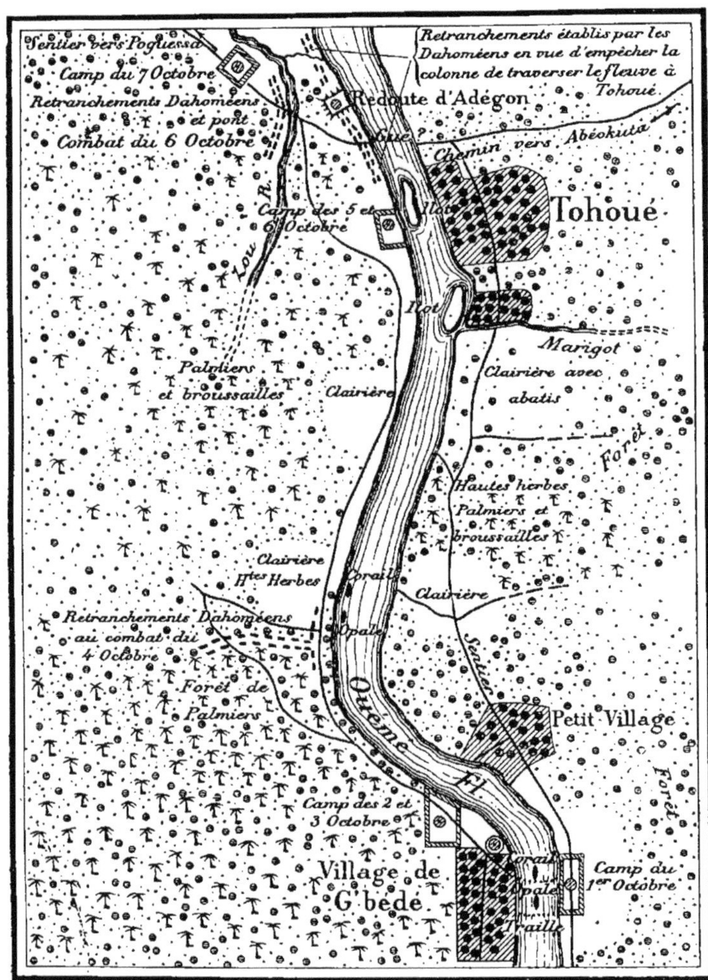

exploré par nos spahis. Ceux-ci ont continué leur marche en avant. Je les rejoins à 500 mètres au delà.

Les Dahoméens ont laissé des traces récentes de leur passage. Quelques foyers semblent encore chauds. Evidemment, ils se sont repliés sur Tohoué.

Une heure plus tard, nous rentrons au camp, dont nous occupons l'une des petites faces, celle par laquelle nous sommes arrivés.

Les Tofanis et les tirailleurs ont déjà débroussaillé une bonne partie de la grande face qui est opposée au fleuve. Un fossé appuyé d'abatis à certains endroits, limite le rectangle dont chacun des côtés mesure environ 150 mètres et 200 mètres.

La température reste très élevée ; la région que nous avons parcourue depuis Porto-Novo est, nous l'avons dit, admirable, en tant que végétation, mais aussi très malsaine. Déjà, bon nombre d'Européens sont pris de fièvre. Pourtant, le moral est parfait. Aucun des malades ne demanderait à être évacué. Il vaut pourtant mieux se débarrasser d'emblée des non-valeurs et les renvoyer sur Dogba, Porto-Novo et Kotonou.

C'est pourquoi sur l'avis des médecins, le colonel décide d'évacuer les malades et les éclopés, avant de reprendre la marche en avant. Nos cadres européens venant du Sénégal résistent fort bien ; quelques-uns de nos jeunes brigadiers et cavaliers arrivés de France et d'Algérie, sont plus ou moins éprouvés par la fatigue et surtout par le climat. Nous renvoyons ainsi sur Porto-Novo quatre ou cinq de nos fiévreux parmi lesquels, Couturier, mon unique aide-maréchal européen, qui avait insisté pour m'accompagner au Bénin.

A deux heures de l'après-midi, notre peloton (lieutenant Legrand) est désigné pour précéder la compagnie Drude, et pousser une reconnaissance dans la direction de Tohoué.

Reprenant le sentier qui a déjà été suivi par l'avant-garde, nous traversons le village dont j'ai parlé précédemment, et nous nous engageons dans un chemin qui s'enfonce sous une haute futaie. Nous remarquons sur des arbres deux ou trois grands vases sphériques, en terre cuite, mesurant environ 50 à 60 centimètres de diamètre, percés d'une ouverture circulaire large comme la main, et en partie obstruée par un morceau de planchette. Tout d'abord, nous supposons que ce sont des cachettes où les indigènes des villages abandonnés ont dissimulé leurs bijoux et leurs fétiches.

Non ami Legrand lance un bâton contre l'un de ces vases, dont la paroi se brise et laisse apercevoir une ruche d'abeilles. Nous repartons précipitamment en avant pour éviter une agression de ces bestioles.

A environ 1,500 mètres du camp, nous aboutissons à une petite clairière où l'herbe n'est pas très haute.

Le capitaine y fait déployer sa compagnie, et lui ordonne la halte, tandis que nous continuons notre marche vers Tohoué. Le sentier que nous suivons envoie des embranchements sur le fleuve. Nous en profitons pour venir nous mettre en évidence sur la rive et tâcher de découvrir, de l'autre côté, des indices de l'ennemi. Aucun pagne ne se montre, aucun bruit humain ne se fait entendre.

Nous nous engageons de nouveau dans la brousse et les hautes herbes qui empêchent de voir à quatre pas autour de soi et nous arrivons à une clairière qui précède un marigot, derrière lequel s'étend un village. De nombreux arbres ont été récemment abattus, ils sont disposés comme si l'on avait eu l'intention de protéger les abords du village pour le défendre. Une moitié du peloton explore le terrain en avant et, à gauche, le maréchal des logis d'Urbal s'avance avec moi vers la droite. A ce moment, nous entendons un fort bruit de branches cassées sur la lisière de la forêt, à 50 mètres de nous. Déjà nos hommes s'apprêtent à faire feu. Cette alerte n'a pas d'autres suites; elle est déterminée par une bande de singes qui gambadent dans les arbres.

Nous venons rejoindre le gros du peloton qui s'est arrêté à 20 mètres en arrière du marigot. Celui-ci est peu large, mais assez profond; ses bords sont à pic. Il est impossible de songer à le franchir à cheval. Cinq ou six hommes mettent pied à terre et sont envoyés de l'autre côté; ils traversent l'obstacle sur des troncs d'arbres qui devaient servir de passerelle aux gens du village. Comme les précédents, il n'est plus habité que par quelques chiens qui se sauvent en mêlant leurs aboiements aux cris stridents des pintades effrayées et au bêlement de deux ou trois chèvres. Cette grande bourgade ne peut être que Tohoué. Si les Dahoméens l'ont abandonnée sans chercher à la défendre, après en avoir eu tout d'abord l'intention, comme le prouvent les abatis qui ont été commencés, c'est, très probablement, qu'ils se sont retirés sur la rive droite pour défendre le passage du fleuve.

Après avoir failli nous égarer au retour, nous venons rejoindre la compagnie qui commençait à s'inquiéter de notre absence prolongée et nous rentrons au camp vers 5 heures du soir.

Le commandant Lasserre a rejoint la colonne avec une partie de son groupe, laissant une petite garnison à Dogba. Deux canonnières, le *Corail* et l'*Opale*, sont ancrées au milieu du fleuve. Les retranchements provisoires et le débroussaillement de la face qui confine à la forêt sont terminés.

Le colonel réunit son état-major et ses chefs de groupes et décide de simuler une marche sur Tohoué, alors qu'il a réellement l'intention de traverser le fleuve à l'endroit même où nous sommes campés, c'est-à-dire à 4 ou 5 kilomètres du point où les Dahoméens se sont retranchés pour nous empêcher de passer.

La soirée s'écoule sans incidents. N'ayant pas eu le temps de faire installer ma tente, je vais me coucher dans le gourbi de mon camarade Perrier.

A 2 heures du matin, je suis réveillé par une vigoureuse poussée de mon voisin qui me crie : — Vite, debout, nous sommes attaqués ! — Quelques secondes après, un obus vient éclater contre la berge, un autre, au delà du camp, sur la lisière de la forêt. Perrier a été réveillé par un premier obus que je n'ai pas entendu.

Rapidement, chacun vient se placer à son poste de combat.

Le *Corail* envoie des projections électriques sur l'autre rive. Cela ne servirait qu'à repérer les coups de l'ennemi et le colonel donne l'ordre de cesser.

Tout d'abord, nos troupiers sont un peu ahuris.

Quelques-uns croient que ce sont les canonnières qui se trompent d'adresse et nous envoient leurs pruneaux. Les officiers eux-mêmes sont surpris de voir que les Dahoméens ont du canon avec eux. Nous avions supposé qu'ils ne possédaient que quelques vieilles bombardes pour défendre Abomey.

Les coups se succèdent deux par deux à intervalles espacés. Les pièces sont éloignées et dissimulées, car nous n'apercevons pas la moindre lueur. Autant que nous pouvons en juger, elles sont à 2^k,500 ou 3 kilomètres au delà et en amont de notre camp.

Deux ou trois obus éclatent dans le carré, sans faire aucun mal : les autres coups, sept ou huit peut-être, ne portent pas ; et le tir cesse une demi-heure après avoir commencé.

Le colonel a donné l'ordre à l'artillerie de ne pas riposter. Mais comme cette canonnade peut être le prélude d'une attaque, les différentes unités restent dans la tranchée jusqu'au jour.

Chacun s'installe comme il peut en attendant l'aube. Je m'enveloppe dans mon burnous et me couche sur une couverture ; un siège de selle me sert d'oreiller. Quoique je n'aie encore sommeillé que pendant quatre ou cinq heures, le baptême du feu m'a énervé et je ne puis parvenir à m'endormir. Par contre, trois de mes camarades ronflent à mes côtés.

Vers 5 h. 1/2, l'aube pointe et le jour arrive rapidement.

Quelques patrouilles sont lancées aux alentours du bivouac ; elles reviennent sans avoir remarqué rien d'anormal.

Passage de l'Ouémé. — Reconnaissance du 2e peloton de spahis. — Combat du 2 octobre.

La journée du 1er octobre est employée à former le convoi d'évacuation et à faire les préparatifs en vue du passage de l'Ouémé. Le colonel nous fait connaître officiellement cette détermination que nous avions déjà présumée la veille au soir.

Afin de tromper la vigilance des Dahoméens, qui peuvent avoir envoyé des éclaireurs dans nos parages, un groupe de travailleurs convenablement escorté est envoyé en avant pour élargir le sentier qui conduit à Tohoué. Le peloton de Tavernost et la compagnie Jouvelet renouvellent la reconnaissance que nous avons faite la veille. Mieux avisé que nous, notre camarade songe à la popotte et nous ramène les quelques chèvres que nous avions négligé de capturer la veille. Pendant une partie de l'après-midi nous sommes distraits par les évolutions d'un énorme crocodile qui se prélasse mollement au soleil sur le sable de la rive opposée. Si nous n'étions pas à proximité de l'ennemi, nos bons tireurs pourraient s'offrir la fantaisie de traverser la carapace du saurien avec quelques balles de maillechort.

Un peu avant le crépuscule, des rampes sont taillées dans la berge pour permettre d'accéder facilement au pirogues et aux plates-formes qui sont amarrées au bas.

Le dimanche 2 octobre, dès la pointe du jour, un canot se détache du *Corail* et va porter un câble sur la rive droite de l'Ouémé; puis il revient sans encombre à la canonnière d'où il amène l'autre extrémité de l'amarre sur la berge que nous occupons. Le temps se prête à merveille au mouvement qui va être tenté; un épais brouillard s'étend sur toute la vallée; et bien qu'en cet endroit l'Ouémé ne mesure guère au delà de 150 mètres, c'est à peine si l'on aperçoit, d'où nous sommes, les greniers à maïs qui sont très près de la rive opposée.

Une demi-compagnie de la légion s'embarque dans la première pirogue. Trois ou quatre piroguiers se plaçant à l'avant, saisissent l'amarre et font progresser le canot le long de celle-ci jusqu'à la canonnière d'abord, puis jusqu'à l'autre extrémité.

Pendant cette manœuvre, la deuxième moitié de la compagnie a pris place dans une autre embarcation; elle suit le même chemin en même temps que la première est ramenée à la pagaie.

Nous sommes tous rangés sur la berge pour suivre les phases de l'opération. Le lieutenant Ferradini s'est installé sur un arbre au pied duquel se trouve le colonel entouré de son état-major.

Deux compagnies de tirailleurs vont ensuite rejoindre celle de la légion. Puis on fait passer sur des plates-formes quatre pièces d'artillerie avec leur train de combat.

A 9 heures, le soleil dissipe le brouillard et nous apercevons notre premier groupe qui s'est solidement installé en avant, c'est-à-dire de l'autre côté du village de G'bédé.

Si les Dahoméens se sont aperçus de notre mouvement il est trop tard maintenant pour qu'ils puissent songer à l'entraver. C'est sans doute le raisonnement qu'ils font aussi, car pas un seul ne s'est encore montré.

Un deuxième groupe traverse le fleuve. A midi, c'est au tour de la cavalerie. Une seconde traille a été installée à 200 mètres en aval de la première. En moins de deux heures, tous nos chevaux et notre convoi sont passés sur les plates-formes.

Pendant que le dernier groupe traverse l'Ouémé, nous venons rejoindre les premières compagnies et occuper la quatrième face du carré qui nous a été réservée.

Les Tofanis des différentes unités sont employés, comme d'habitude, à débroussailler l'emplacement du camp d'abord, et ensuite la zone périphérique ; ils font sortir de la broussaille cinq ou six agoutis que nous pourchassons à l'aide de coupe-cous, de sabres et de bâtons. A quelques pas de moi, l'un de nos porteurs assomme un agouti et veut s'en emparer; au même moment un autre Tofani lance son coupe-cous qui, au lieu de venir toucher le rongeur, s'enfonce dans le biceps de notre pauvre diable en lui faisant une profonde blessure.

Pendant que je lui adapte un premier pansement, mon blessé se refuse à lâcher sa victime qu'il a réellement bien gagnée.

A 4 heures, le deuxième peloton, lieutenant Basset, est désigné pour précéder la compagnie Battréau et explorer la région qui s'étend en avant de nous dans la direction présumée de l'ennemi. Un officier de l'état-major, le lieutenant Ferradini, marche avec la compagnie dans le but de recueillir des renseignements topographiques.

Quarante minutes environ après le départ de cette petite colonne, nous entendons une vive fusillade. Pendant plus d'un quart d'heure, les coups de feu se continuent par intermittence. En même temps, sept ou huit obus viennent éclater, la plupart au delà de notre campement.

Le colonel estimant que l'heure est trop avancée pour prononcer une attaque, envoie l'ordre aux troupes engagées de se replier sur le camp.

Vers 4 h. 1/2, nous assistons au retour du deuxième peloton de spahis. Chacun est étonné de voir revenir tant de cavaliers; après la fusillade nourrie que nous avions entendue, nous supposions que nos hommes avaient dû subir des pertes beaucoup plus sérieuses.

Le lieutenant Basset, accompagné de notre chef d'escadrons, se dirige immédiatement vers le colonel qui les attend sous sa tente.

La compagnie Battréau rentre cinq ou six minutes après, sans être poursuivie. La fusillade a complètement cessé.

Notre camarade, après avoir terminé son rendu-compte, vient nous rejoindre et, tout en sirotant une bonne absinthe, il nous fait le récit suivant:

« Avec mes trente cavaliers, je suis chargé d'éclairer la compagnie d'infanterie. J'envoie une pointe d'avant-garde et un groupe de flanqueurs sur ma gauche. Le sentier ne s'écarte guère de la rive de l'Ouémé; je n'ai donc pas à garder ma droite. Pour conserver le contact avec l'infanterie, je laisse quelques cavaliers de queue; et c'est dans ces conditions que je me porte en avant. A quelques centaines de mètres du camp, mes flanqueurs me signalent un sentier qui s'enfonce vers la gauche. Je le fais reconnaître, puis je continue à suivre celui qui borde le fleuve. Ma pointe débouche sur une petite clairière, couverte de hautes herbes dépassant de beaucoup le casque des cavaliers. Conservant avec moi le maréchal des logis Cesson, je charge le brigadier de la Tour de pousser une pointe en avant et à gauche avec deux cavaliers, et je donne un ordre analogue au sous-officier Samba N'Diaye qui se porte en avant et à droite.

» Mes cavaliers ont à peine disparu dans les herbes depuis deux minutes, lorsqu'éclate une vive fusillade. Je siffle le ralliement et bientôt je vois revenir ma patrouille de gauche. Le brigadier de la Tour est arrivé à l'improviste sur une pièce ennemie, les Dahoméens, surpris tout d'abord, ont ouvert un feu nourri sur sa pointe.

» Mes cavaliers de droite rentrent également au galop en suivant le sentier; un cheval tombe mortellement atteint avant d'arriver, et mon maréchal des logis vient s'affaler à mes pieds lorsque sa monture s'arrête; il a reçu une balle en plein cœur et une ou plusieurs autres dans les jambes. L'ennemi s'avance rapidement en continuant à tirer. Mes hommes ripostent tant bien que mal. Le spahi Makodou-Faye tue un Dahoméen à bout portant. Nous luttons quelques instants sur le corps de Samba-Diaye. Le maréchal des logis Cesson, aidé d'un cavalier, essaye en vain de hisser le cadavre sur la selle: il est trop lourd! Les balles sifflent de toutes parts. Cesson a son casque traversé. Nous sommes sur le point d'être cernés. Je me vois obligé de donner l'ordre de la retraite en abandonnant le corps de l'un des miens.

» A cinq ou six cents mètres en arrière, je trouve l'infanterie qui se porte à mon secours en ligne déployée. Les feux de salve arrêtent net l'élan des Dahoméens, qui continuent néanmoins à tirer... Nous nous disposons à pousser en avant pour reprendre le cadavre abandonné, lorsqu'arrive l'ordre de se replier sur le camp.

» L'infanterie n'a pu me soutenir plus tôt parce qu'elle s'était arrêtée un instant à l'embranchement du sentier de gauche pour permettre au lieutenant Ferradini de relever ce chemin. Mes cavaliers de queue, au lieu de me rendre compte de cette halte, avaient continué à suivre le peloton, de sorte que je me trouvais à sept ou huit cents mètres de l'infanterie lorsque l'attaque a commencé. Avant d'arriver à la clairière, la forêt est très fournie, ce qui a retardé considérablement le déploiement et la progression de la compagnie. »

Au camp de G'bédé. — Combat de Poguessa, le 4 octobre.

Nous avons dressé notre tente de popote sous un arbre peu élevé, mais suffisamment touffu. Au moment où nous nous disposons à dîner, je constate que des légions de fourmis ont envahi notre local. L'arbre lui-même en est couvert; et, en l'examinant de plus près, j'aperçois, au niveau de chacune des fourches inférieures, des fourmilières analogues aux nids que contruisent les mouches maçonnes, mais beaucoup plus volumineuses. Pour échapper aux envahisseurs, nous devons décamper au plus vite avec nos provisions et notre matériel.

Pendant la soirée, et surtout un peu avant l'aube, quelques coups de feu éclatent aux avant-postes. Ils proviennent de sentinelles qui, effrayées par le passage d'un fauve ou la gambade d'un singe, et croyant à une surprise de l'ennemi, donnent l'alarme au camp. Ces fausses alertes dérangent généralement peu de monde; mais dans le but de les faire disparaître, le colonel a donné l'ordre aux chefs d'unités de placer aux avant-postes et sans armes les soldats qui tireraient ainsi mal à propos.

La journée du 3 est consacrée aux préparatifs d'une marche dans la direction de Poguessa. Les deux sentiers dont il a été fait mention précédemment, et qui ont été reconnus la veille, sont élargis et débroussaillés à leur amorce.

On élève à la hâte une petite redoute entre G'bédé et le fleuve, destinée à protéger les pirogues et à contenir les approvisionnements. Cette fortification passagère sera gardée par la compagnie Kuntz de tirailleurs auxiliaires et par une section d'artillerie.

Pendant la soirée, notre dernier chien, le fidèle Pernaud, s'en va boire à l'Ouémé; il descend au fleuve à dix pas d'un factionnaire. Quelques secondes après, celui-ci entend un aboiement plaintif, aussitôt étouffé par le bruit d'un plongeon. Pernaud venait de disparaître emporté par un caïman!

Le mardi 4 octobre, à 6 heures du matin, la colonne lève le camp et se met en marche une demi-heure après. Elle comporte un effectif d'environ 1,800 fusils et sabres, 4 pièces de 80 de montagne et une partie du convoi que la cavalerie est chargée d'encadrer.

Elle est formée sur deux lignes légèrement divergentes; l'une, qui s'engage sur le sentier bordant le fleuve, est commandée par le chef de bataillon Riou; l'autre, dirigée par le chef d'escadrons Lasserre, doit s'avancer en suivant d'abord le sentier qui s'amorce à gauche sur le précédent.

Nous avançons très lentement en arrière du premier groupe.

Pendant près d'une heure et demie, l'on n'entend que le bruit des travailleurs qui sapent dans la broussaille. Nous nous trouvons dans une véritable forêt de palmiers entremêlés d'arbres plus volumineux et fréquemment garnis de lianes et de broussailles à leur base.

A 9 heures, éclate soudainement une fusillade excessivement nourrie qui dure deux ou trois minutes. Quelques petits projectiles seulement viennent jusqu'à nous; mais bientôt nous entendons tonner le canon et siffler les obus qui, en majeure partie, vont éclater loin derrière nous; quelques-uns même vont tomber très près de la redoute de l'autre côté de G'bédé.

Je sens un petit frisson me parcourir l'échine, en même temps que l'énervement me *contracture*. Bientôt la détente s'opère lorsque j'entends claquer les salves du Lebel et tonner celles du Gras. Il est difficile de se faire une idée du vacarme produit par ses décharges sous bois, et surtout par la rafale du plomb qui fauche les branches, s'enfonce dans les troncs, souvent même les transperce ! Nous entendons tout sans rien apercevoir. Au début de l'attaque, la cavalerie a mis pied à terre et s'est arrêtée. A mesure que l'infanterie gagne un peu de terrain, nous progressons lentement à notre tour.

Pendant plus d'une heure, le combat se continue avec acharnement de part et d'autre. Un obus vient tomber en avant de nos chevaux ; il brise la cuisse à *Dahomey*, le cheval que le colonel a laissé à la garde d'un spahi. J'achève séance tenante le blessé d'un coup de revolver dans le crâne et mes maréchaux se mettent immédiatement à le dépecer. La bête est jeune, en bon état d'embonpoint. Les popotes auront de la viande fraîche pour le dîner.

Nous nous avançons tout au bord du fleuve. A 150 mètres en amont, voici le commandant Riou qui fait signe aux canonnières d'avancer. *Le Corail* et *l'Opale* viennent s'embosser à la hauteur des lignes dahoméennes en face d'une clairière que nous apercevons à 400 mètres en avant. Les canons-revolvers achèvent de mettre l'ennemi en déroute.

La canonnade a cessé. Seuls quelques rares coups de feu se font entendre. Ce sont nos tirailleurs qui achèvent quelques récalcitrants.

Enfin ! voici des nouvelles ! La victoire est complète ; malheureusement, elle nous coûte cher : le capitaine Bellami, le lieutenant Amelot sont tués, ainsi qu'un adjudant d'artillerie. Le lieutenant Bosano est mortellement atteint, le commandant Lasserre, le lieutenant

Ferradini sont grièvement blessés. Plusieurs officiers sont légèrement touchés. En outre, huit ou dix hommes ont été tués; il y a aussi de trente à quarante blessés.

Quelques pas encore et nous voilà dans une zone où la lutte a été terrible, comme le dénotent une trentaine de cadavres, la plupart femelles, les armes et les débris d'oripeaux qui jonchent le sol sur lequel l'herbe a été pétrie dans le sang. Les palmiers mutilés laissent pendre leurs branches.

La plupart des cadavres ont conservé l'expression de sauvagerie farouche dans laquelle la mort est venue les surprendre. Je vois encore une petite amazone toute jeunette, presque jolie, ouvrant ses grands yeux vitrifiés par une courte agonie. Une balle du Lebel lui a fracturé la cuisse droite, retournant le membre tout entier, mâchonnant le fémur et lui détachant cent esquilles. Un autre tout petit trou se montre au bord interne du sein gauche tandis qu'au dessous de l'omoplate du même côté s'ouvre une plaie béante.

Chassepots, Pibaudy, Winchester, coutelas et grands rasoirs, cartouchières et débris de toutes sortes jonchent le sol.

L'ennemi, en se retirant, n'a abandonné que ceux de ses cadavres qui sont tombés devant nos lignes. Ses pertes doivent être considérables, car les feux de poursuite ont dû faire encore de nombreuses victimes.

Nos blessés sont transportés à bord de l'*Opale*. Les cadavres des officiers ont été placés dans une pirogue pour être descendus sur Dogba, où ils doivent être ensevelis.

L'état de l'ami Bosano est désespéré ; la blessure du commandant Lasserre et celle du lieutenant Ferradini nous inspirent de grandes inquiétudes. Ce dernier a été sauvé déjà d'une façon miraculeuse. Frappé en pleine figure par une balle qui lui a fracassé le maxillaire inférieur, en lui traversant la base de la langue, au moment où cet officier portait un ordre du colonel au groupe de gauche il est tombé évanoui dans la brousse, étouffé en même temps par le sang qui pénétrait dans les bronches. Un tirailleur vient à s'avancer ; il remarque l'officier qu'il croit mort et le charge sans précautions sur son épaule, le corps plié en deux, la tête pendante. C'est ainsi qu'il rapporte Ferradini. Pendant la translation et grâce à la position particulière du blessé, le sang extravasé s'est écoulé par la bouche, notre camarade reprend connaissance ; et, ne pouvant parler, il déchire une feuille de son carnet sur laquelle il demande des nouvelles du combat. Quelques mots sont ensuite consacrés à sa mère ; un autre petit billet est destiné à un ami, puis le blessé perd de nouveau connaissance.

Il est 11 heures, la température chaude et lourde et surtout la fatigue ne permettent pas de donner la poursuite aux fuyards, d'autant plus que le pays est excessivement couvert.

On déjeune sur place. Nos morts sont ensevelis, nos blessés évacués sur les canonnières, les cadavres ennemis sont incinérés.

J'envoie un mot à mon collègue Roinard, qui est resté dans la redoute avec le convoi, pour lui faire connaître le résultat de l'engagement et lui dire d'attendre de nouveaux ordres du commandant Villiers avant de venir rejoindre la colonne avec les voitures.

A 2 h. 1/2, quelques sections d'infanterie tirent des salves à des distances progressivement croissantes pour fouiller le terrain dans la direction que nous allons prendre. Deux pièces d'artillerie envoient leurs projectiles fusants dans le même but.

A 3 heures, la colonne se met en marche précédée par un peloton de spahis.

Nous débouchons dans la clairière occupée le matin par l'ennemi. Voici à notre droite un cadavre mutilé : ce sont les restes de Samba-N'diaye. M. l'aumônier leur fait rapidement creuser une sépulture et nous continuons notre marche à travers la clairière, primitivement couverte de hautes herbes, maintenant foulées et écrasées et parsemées de cadavres provenant sans doute d'ennemis mortellement frappés pendant la retraite par les feux de poursuite de notre première ligne.

Il nous faut de nouveau traverser un rideau de forêt, puis une clairière et encore la brousse élevée. La nuit arrive rapidement; c'est à peine si nous avons suffisamment de clarté pour installer notre camp sur les bords de l'Ouémé, en face d'un grand village : Tohoué sans doute?

Une bonne julienne au lard, du riz, une grosse tranche du pauvre *Dahomey* et un plat d'excellentes pommes de terre sautées, nous remettent tout à fait d'aplomb, d'autant plus que le solide est accompagné de deux ou trois bonnes rasades. Nos escadrons forment, comme d'habitude, la 4e face, c'est-à-dire celle qui, d'après les probabilités, risque le moins d'être attaquée. Nos abris s'alignent sur la rive même du fleuve, de sorte que le service de garde n'est astreignant pour aucun des camarades. Tous, nous pourrons reposer tranquillement.

La nuit se passe sans alerte. Le 5, à 8 heures du matin, deux pelotons de cavalerie sont envoyés en reconnaissance dans la direction suivie par l'armée ennemie. Le capitaine Crémieu-Foa, d'une part, avec trente auxiliaires, s'avance par le sentier qui borde l'Ouémé, c'est-à-dire vers l'endroit désigné sur la carte sous le nom de gué de Tohoué. Le lieutenant Legrand, avec le 4e peloton, partent dans une direction à peu près perpendiculaire au fleuve. Contrairement à mon habitude, je ne puis l'accompagner parce que je dois installer et réorganiser notre popote.

Moins d'une heure après le départ des reconnaissances, celles-ci sont ramenées au camp sous une vive fusillade. Le 4e peloton rentre le premier, avec un cheval mortellement atteint et qui s'affaisse en arrivant.

Le capitaine Crémieu a perdu un cheval qui est tombé dans le fleuve. Cette monture, repêchée par un canot de l'*Opale*, nous est ramenée quelque temps après.

Les deux reconnaissances sont arrivées à peu près en même temps sur les avant-postes dahoméens. Elles rapportent les renseignements suivants :

Après avoir traversé un bois très fourni, on débouche dans une sorte de clairière où l'on remarque quelques cultures de maïs et de nombreux palmiers. Dans les endroits incultes, les herbes sont fournies et très élevées. Le terrain est coupé à peu près parallèlement à la direction du fleuve par un marigot peu large mais profond, sur lequel les Dahoméens ont établi un pont de branchages pour faire passer leurs canons. Ce pont est très en contre-bas; on y accède par une rampe taillée à la pioche. Il a été reconnu par l'un de mes maréchaux Samba Camara, qui était cavalier de pointe. C'est au moment où ce spahi est arrivé à la tête du pont que les Dahoméens embusqués de l'autre côté ont ouvert leur feu sur la reconnaissance. Elle a vivement échappé à la vue des assaillants, grâce à la hauteur des herbes et aux nombreux coudes du sentier. Seul le cheval de Samba Camara a été blessé à mort. Mon camarade Legrand s'est assez fortement contusionné contre un arbre et son sabre a été arraché par le choc.

De ces renseignements, il résulte que l'ennemi est moins démoralisé que nous ne le supposions, après le combat de la veille, et qu'il se prépare à défendre le passage du marigot, désigné sous le nom de Zou.

Pendant le reste de la journée, le capitaine Roques, avec ses sapeurs et la plupart des Tofanis, travaille à faciliter l'approche et le déploiement de la colonne.

Le lendemain, 6 octobre, mon camarade de Tavernost est envoyé avec le 1er peloton pour repérer le plus exactement possible la position de l'ennemi, dans le but de permettre à l'artillerie de déloger les Dahoméens. Le brigadier Naton, qui a participé à la reconnaissance de la veille, vient offrir ses services pour guider le peloton.

L'ennemi n'a pas quitté ses positions; mais il se garde de décéler sa présence dans le but sans doute d'engager le peloton de spahis à s'aventurer au delà du pont rustique, pour le cerner ensuite et lui couper la ligne de retraite. L'officier se méfie de l'embuscade qui ne tarde pas à être décélée par une agitation insolite des herbes. Son ordonnance fait feu dans cette direction et l'on voit disparaître une tête crépue dans la broussaille. Sa mission est terminée, le peloton rentre au camp sans être inquiété.

A la même heure, je m'embarque avec mon camarade Perrier et une dizaine de spahis dans une grande pirogue. Nous traversons le fleuve pour aller razzier le village de Tohoué. Le lieutenant Marceau, des tirailleurs auxiliaires, passe avec sa section dans le même but.

Le village est complètement désert, à l'exception de 12 moutons et chèvres, de quelques poulets et de deux ou trois petits chiens que nous ramenons au camp.

Chaque unité reçoit sa part de prise. Notre chef d'escadrons a invité à déjeuner le lieutenant Doué. Le repas se prolonge un peu plus que de coutume, tant à cause de la présence de notre convive que parce qu'aucun mouvement n'a encore été ordonné pour l'après-midi.

Nous en étions au café lorsqu'un sergent vient apporter l'ordre à Doué de rejoindre sa compagnie, qui est désignée pour accompagner et garder l'équipe de débroussailleurs. Une section d'artillerie, sous les ordres du lieutenant Jacquin, va également prendre position pour lancer des projectiles sur les retranchements présumés des Dahoméens.

Il est près de 4 heures lorsque l'artillerie ouvre son feu qui, pendant quelques minutes, reste sans réponse. Bientôt éclate une immense clameur suivie de près par une fusillade non moins intense. C'est l'ennemi qui attaque notre artillerie et son soutien. Le commandant Villiers, qui était allé avec quelques spahis constater les progrès du débroussaillement, rentre au galop et va rendre compte au colonel de la situation. Immédiatement celui-ci envoie un groupe tout entier sous les ordres du chef de bataillon Gonard pour repousser l'ennemi.

Le combat se déroule à huit ou neuf cents mètres en avant du camp ; les projectiles arrivent jusqu'à nous, tuant deux ou trois hommes et en blessant quelques autres. L'ennemi envoie des obus qui, tous ou presque tous, vont tomber soit dans le fleuve, soit sur Tohoué.

Je m'avance avec quelques camarades au delà de la première face du camp ; nous voyons revenir un vieux caporal indigène de tirailleurs sénégalais qui a le poignet à moitié détaché par un coup de coutelas. C'est en dégageant un légionnaire qui venait d'être fait prisonnier par les Dahoméens, que ce brave caporal a reçu cette profonde blessure. Le légionnaire le suit de près, soutenu par deux de ses camarades ; il a été tellement impressionné en se voyant pris qu'il semble avoir totalement perdu la raison.

Le combat se continue avec acharnement pendant plus d'une heure. Le soleil est près de disparaître à l'horizon, lorsque les feux de salve cessent complètement et qu'un silence imposant leur succède. Deux ou trois minutes se passent; puis tambours et clairons battent et sonnent la charge en même qu'un tonnerre d' « en avant » fait frissonner jusqu'aux moelles.

Le tir de l'ennemi reprend de nouveau pendant quelques minutes; il va en diminuant progressivement. Les clameurs augmentent au contraire; puis, l'on ne perçoit plus qu'un léger brouhaha, moins fort certainement que les battements du cœur des huit ou neuf cents individus qui, n'ayant pas pris part à la lutte n'en sont que plus fiévreux dans l'attente des nouvelles de leurs camarades.

Déjà, avant la fin du combat, nous avons connu la mort de notre camarade Doué, de la compagnie Robard, tué d'une balle dans le crâne.

Nous apprenons ensuite que Farail, de la compagnie Poivre, a eu les cuisses transpercées par une balle. Quelques autres officiers ont été légèrement touchés, entre autres le capitaine de Rude qui, recevant un projectile mort à l'endroit où le rein perd son nom, constate au vu de ses troupiers qu'il en sera quitte pour un bleu, et leür dit en riant : « Mon endroit est trop dur pour leurs balles! »

Dans cette rencontre, nos pertes sont de sept ou huit tués et d'une vingtaine de blessés grièvement.

Le chef de bataillon Gonard, qui a eu l'honneur de prendre le commandement de l'ancien groupe Lasserre, pendant cette journée, s'est couvert de gloire ainsi que tous ses sous-ordres. Avec le faible effectif dont il disposait, il a culbuté une bonne partie de l'armée dahoméenne, solidement retranchée derrière

SOUVENIRS DE LA CAMPAGNE DU DAHOMEY

Amazone.

un profond marigot, et l'a refoulée du côté de Poguessa, sans pouvoir toutefois lui donner la poursuite à cause de l'heure avancée.

Les vainqueurs se sont rapidement formés et retranchés en demi-cercle, en avant du pont, dans le but de parer au besoin à un retour offensif de l'ennemi. Ils devront ainsi bivouaquer jusqu'au jour et sous la pluie qui fait son apparition pour la première fois depuis le début de la campagne.

Deux ou trois des spahis qui accompagnaient le commandant Villiers, lorsque l'attaque a débuté, ont mis pied à terre et se sont battus jusqu'au soir. Nous en sommes réduits à faire des conjectures sur leur sort, lorsqu'un des hommes de garde vient rendre compte du retour des absents. Demba-Bolew ramène en croupe une amazone qu'il a trouvée ivre-morte dans le trou qu'elle occupait pendant la lutte. Quelques autres prisonnières et prisonniers dahoméens sont confiés à la garde des spahis.

Jusqu'à présent, le genre de fortifications passagères employé par les Dahoméens consiste en une ou plusieurs lignes de trous profonds d'environ 60 à 80 centimètres, disposés en quinconce, pouvant abriter de un à quatre ou cinq guerriers et munis sur leur rebord antérieur de petites fourches en bois pour servir de point d'appui au fusil.

Comme nous, les Dahoméens ont leur groupe de travailleurs. Ceux-ci, munis de coupe-cous et de petites pioches, débroussaillent, lorsque c'est utile à la défense, et surtout creusent les retranchements. Nous avons trouvé dans une excavation dissimulée sous des feuilles un stock complet de pioches. Cet outil ressemble à une petite bêche dont la douille serait remplacée par une queue. Celle-ci est destinée à être enfoncée à angle aigu dans la mortaise d'un manche solide, court et noueux.

Une autre constatation non moins importante est celle des nombreuses bouteilles ayant contenu de l'alcool de traite qui jonchent les camps dahoméens. Cette coïncidence avec la capture de guerriers complètement ivres, nous montre que les Dahoméens usent et abusent de l'alcool pour exciter leurs soflimatas et surtout leurs amazones pendant le combat.

Le 7 au matin, les sapeurs ont amélioré la construction de la passerelle sur le Zou que la colonne tout entière traverse pour venir camper le long du marigot dans la direction de Poguessa qui n'est plus, paraît-il, qu'à une très faible distance. Notre convoi est venu nous rejoindre. Avec lui, arrivent quelques-uns des éclopés que nous avons dû laisser soit à Porto-Novo, soit à Dogba, et parmi eux je constate avec une vive satisfaction le retour du fidèle Samba-Demba, mon vieil ordonnance.

L'emplacement de notre camp du 7 octobre est à peu près exactement le même que celui adopté la veille par les Dahoméens ; quelques-unes de leurs constructions passagères nous servent même d'abri. Sur la lisière du camp, au bord du sentier qui mène vers Poguessa, et à l'entrée de la forêt qui nous en sépare, existe une petite case qui, la veille au soir, était encore occupée par un petit poste ennemi. Ces vedettes, surprises par le peloton de Haoussas du lieutenant

Merienne-Lucas, sont tombées sous un feu de salve et les cinq ou six cadavres témoignent de la réussite du coup de main.

La journée est consacrée au repos des troupes, à l'exception du peloton Perrier, des spahis auxiliaires, qui est envoyé en reconnaissance dans la direction de Poguessa.

Le lendemain, à 7 heures du matin, notre quatrième peloton est désigné pour éclairer le groupe Riou, chargé de suivre la direction prise par l'armée dahoméenne en retraite. Nous traversons un rideau de forêt profond d'environ trois ou quatre cents mètres et nous arrivons dans une plaine couverte de hautes herbes et parsemée d'arbres de petite taille; le terrain, très bas en cet endroit, semble aller en s'élevant très légèrement. En avant et à droite, à environ un kilomètre et demi, nous apercevons les cases d'un vaste camp dahoméen et, un peu en arrière, le village de Poguessa. D'un temps de galop, nous arrivons sur la lisière du camp; il est rapidement exploré par deux ou trois cavaliers, puis nous nous portons sur le village qui est reconnu de la même manière et au delà duquel nous allons prendre position en attendant l'arrivée de l'infanterie. Le désarroi dans lequel nous avons trouvé les cases du village, les débris et les objets abandonnés ou perdus sur le sentier, prouvent que les Dahoméens se sont retirés précipitamment pour aller s'établir sans doute en arrière d'une troisième ligne de défense.

Une vedette grimpe au sommet d'un arbre et nous rend compte qu'elle aperçoit au loin une bande de gens en fuite. La région dans laquelle nous venons de pénétrer est beaucoup moins boisée que les bords du fleuve, et si les herbes qui couvrent la plaine sont encore très élevées, il est relativement facile de se frayer un chemin entre les fourrés que l'on aperçoit disséminés et qui ne sont pas très étendus.

Je rentre au camp, porteur d'une note de renseignements adressée au colonel par le commandant de la reconnaissance.

Quelques instants après, le colonel fait parvenir au groupe Riou l'ordre d'avoir à préparer un emplacement de bivouac pour toutes les troupes qui doivent effectuer leur mouvement aussitôt après le déjeuner.

Pendant que la colonne installe son campement au delà du village de Poguessa, les deux escadrons font une reconnaissance dans la direction de Sabovi, suivant ainsi la ligne de retraite des Dahoméens; la cavalerie rentre vers 4 heures, après avoir effectué une marche d'environ seize kilomètres et sans avoir rencontré la moindre résistance.

Je suis resté au camp pour procéder à l'installation et à l'aménagement des cases et des gourbis. Quelques petites toitures en chaume prises dans le village, facilitent considérablement la besogne, et nous mettent parfaitement à l'abri de la pluie qui recommence à tomber avec violence.

Adégon. — Création d'un blockhaus. — Le village de Poguessa. — Maison dahoméenne ; aménagement mobilier ; ustensiles. — Greniers. — Plantations et cultures.

Nous allons suivre maintenant le chemin qui conduit de Tohoué à Abomey en passant par Sabovi, Kotopa et Cana. Il y a donc urgence de rapprocher notre base de ravitaillement de la voie que nous prenons ; c'est pourquoi le commandant de la colonne envoie l'ordre au capitaine Kuntz d'évacuer et de détruire la redoute de G'bédé pour venir s'installer sur la rive droite du fleuve, légèrement en amont de Tohoué à peu de distance du petit village d'Adégon. Cet emplacement est à cheval sur l'Ouémé et le Zou ; il commande par conséquent ces deux cours d'eau. Le terrain est rapidement débroussaillé sous la direction des officiers du génie qui font procéder à la construction d'une nouvelle redoute. Un fossé large et profond ; des palanques faites de stipes de palmiers enfoncés en terre verticalement, doivent constituer ce nouveau blockhaus. Evidemment, cette redoute ne peut être achevée en quelques heures. Comme la colonne doit reprendre sa marche en avant et qu'elle ne peut abandonner ses troupes du génie, le lieutenant Menou, de l'artillerie, et son garde Rhodes, qui ont dirigé les travaux du fort Faurax, à Dogba, sont appelés à Adégon pour terminer la redoute.

Canonnières et pirogues quittent G'bédé pour venir s'amarrer à la hauteur d'Adégon. Une large rampe est creusée dans la berge pour faciliter les manœuvres d'embarquement et de débarquement.

Le terrain est très bas, déjà détrempé, bien qu'il ne soit encore tombé qu'une ou deux averses ; il est indispensable de le drainer.

De la redoute d'Adégon au village de Poguessa, le chemin mesure environ trois kilomètres.

Nous avons dit précédemment que les Dahoméens avaient établi en avant de ce village un vaste campement; celui-ci, comme du reste tous ceux que nous avons rencontrés dans la suite, est composé d'une série de huttes faites de perches et de branches de palmier, recouvertes d'une toiture en chaume descendant très bas. La forme de ces constructions varie, ainsi que leur groupement, suivant l'usage auquel elles sont affectées.

En général, à une distance qui varie entre 500 et 1.000 mètres, on rencontre, avant d'arriver au camp principal, un petit groupe de cases où devait s'établir un avant-poste important; cet avant-poste est précédé lui-même de trois cases, dont une, rectangulaire et allongée, peut abriter 10 ou 15 hommes; une autre, plus petite, qui doit être affectée au chef du petit poste; la troisième, très probablement, sert de refuge à la sentinelle.

Le camp proprement dit occupe un vaste espace; vers son centre on remarque une grande case longue d'environ 25 mètres, large de 10 mètres, ouverte sur ses quatre faces; le sol est aplani et damé; c'est la maison des palabres, c'est-à-dire le lieu de réunion où l'on tient conseil. Une autre grande construction, entourée d'une tapade de tiges de maïs et parfaitement close, servait d'abri au roi. Les amazones ont un réduit spécial limité et fermé également par une tapade, en forme de carré, et renfermant un certain nombre de cases.

Les autres guerriers et les porteurs ont aussi leurs cabanes plus ou moins vastes et plus ou moins soignées dans leur construction, suivant, évidemment, l'importance de leurs hôtes.

En général, ces abris sont très soigneusement établis, beaucoup plus confortables que la meilleure des tentes.

Le camp tout entier est d'une propreté irréprochable. Nous n'avons jamais constaté de feuillées et pas la moindre ordure autour des cases.

Le village de Poguessa comprend trente ou quarante chaumières principales entourées ou bordées chacune de cabanes accessoires.

Les maisons, généralement de forme rectangulaire, ont des murs en argile durcie.

La toiture, en feuilles de palmier ou en chaume, est très inclinée et descend très bas; elle déborde les quatre murs, quelquefois seulement les deux principaux, de façon à former une véranda dont l'aire surélevée est en terre durcie. Suivant leurs dimensions et leur importance, ces constructions sont divisées par des cloisons en terre à claires-voies. Des ouvertures, pratiquées dans la muraille, servent, les unes de portes, les autres de fenêtres. A proximité de chacune des cases principales, existe un moulin à maïs. C'est une grande pierre plane, encastrée dans un massif d'argile durcie sur laquelle, à l'aide d'une autre pierre également aplatie mais beaucoup plus petite, les femmes et les captifs écrasent le maïs pour le réduire en farine.

Le mobilier habituel est aussi sommaire que rustique : quelques claies servent de rayons ; des paniers et des corbeilles de différentes formes, les uns en une sorte d'osier, d'autres en palmier, d'autres encore en jonc remplacent les placards et les armoires. Le lit est en terre durcie recouvert d'une natte ; chez quelques indigènes cossus on trouve un lit en bambou, et plus fréquemment une couchette construite avec les grosses nervures des feuilles de palmier. Le hamac n'est pas absolument méconnu des Dahoméens.

Le foyer, généralement placé sous l'auvent, à côté de la porte, ressemble ordinairement à celui que nos troupiers construisent au camp.

Le siège est l'apanage à peu près exclusif du cabécère. C'est un tabouret fait d'une seule pièce dans un tronc d'arbre ; il est généralement de forme circulaire, légèrement concave en dessus, enjolivé de ciselures plus ou moins baroques, et muni de trois ou quatre pieds mesurant de 25 à 30 centimètres de hauteur.

La lampe est représentée par une coupelle en argile cuite dans laquelle on place une mèche de coton et de l'huile de palme. Le four qui sert à faire cuire les akassas, sorte de pain de maïs, a une forme hémisphérique. Il est construit à proximité de la case principale, ses parois sont également en argile.

Cet ameublement est complété par des vases et des ustensiles en terre et en bois. Les uns servent à faire cuire les aliments, d'autres à mettre les fruits, les légumes, etc... Mais, ce qu'il y a certainement de plus remarquable, c'est la quantité et la variété des jarres pour contenir l'eau.

De nombreuses calebasses, variables également dans leurs formes suivant qu'elles servent de plats, d'assiettes, de verres, de bouteilles, de jarres, de poires à poudre, etc., abondent dans la plupart des cases.

Certaines huttes de professionnels renferment, les unes, quelques outils primitifs pour travailler les métaux, les autres, des métiers rudimentaires de tisserands, etc., etc,

N'oublions pas de mentionner les fétiches de toutes sortes qui sont aussi indispensables aux sectaires païens que les armes aux guerriers.

Chaque bourgade a sa case de féticheurs, plus ou moins agrémentée d'ossements et de débris des trois règnes, arrangés et disposés d'une façon plus ou moins bizarre. Chaque village a également son ou ses arbres fétiches, analogues à nos calvaires, et ses divinités représentant, sculptées sur bois ou moulées dans l'argile, les bons et les mauvais esprits.

Les temples consacrés à Priape semblent partout en grand honneur. Un phallus monumental se montre à chacune des extrémités du village.

Marche sur Sabovi, Kosoupa, Oumbomédi. Combat du 12 octobre.

Les journées des 8 et 9 sont consacrées à un repos complet pour la colonne, à l'exception de la cavalerie qui pousse une pointe de 8 à 10 kilomètres dans la direction de Sabovi. Les traces de la retraite précipitée des Dahoméens restent profondément empreintes sur sur le sentier défoncé ; il est jalonné par des débris d'ustensiles et de vêtements abandonnés à la hâte. Deux marigots sont successivement traversés par nos spahis qui rentrent sans avoir été inquiétés.

D'après les présomptions, l'ennemi s'est retranché en avant de Sabovi. La colonne se met en marche le 10 au petit jour, avec l'intention d'enlever cette ligne de défense. Les deux marigots ne sont pas plus défendus qu'ils ne l'ont été l'avant-veille, mais le niveau de l'eau s'est élevé et les piétons s'enfoncent jusqu'au dessus du genou.

Des reconnaissances de cavalerie vont explorer la lisière des bois que l'on aperçoit en avant et à droite. Le spahi Toumané Sidibé tombe avec son cheval dans un silo; leur repêchage est assez pénible, surtout en ce qui concerne la monture.

En arrière d'une ligne boisée, nous découvrons une série de retranchements abandonnés.

A quelques centaines de mètres au delà, nous entrons dans un petit campement également désert. Sur le sentier, de nombreux fétiches ont été placés pour nous jeter le mauvais sort. Je ramasse un superbe petit couteau à sacrifices qui encloue sur une calebasse remplie de terre glaise, un poulet éventré dont les plumes ont été fichées sur l'argile. Un lièvre, brusquement surpris dans son gîte, bondit à travers le sentier, et quelques vautours, qui convoitaient les débris cadavériques disséminés çà et là, daignent se déranger de quelques mètres pour nous donner libre passage.

Vers 10 h. 1/2, la colonne fait son entrée dans le grand camp de Sabovi. Celui-ci est évacué depuis fort peu de temps, comme le démontrent quelques foyers encore chauds, et les préparatifs de certaines petites popotes. La retraite des contingents de Béhanzin s'est effectuée avec précipitation ; l'on trouve dans le camp des vêtements, des vivres et même quelques munitions. Nous nous engageons dans un sentier qui descend sous bois au village de Sabovi. Les escadrons s'installent pour la halte au milieu d'un champ de maïs, à proximité d'une mare où l'on puise de l'eau pour faire le café et dans laquelle nous faisons boire nos chevaux.

La colonne est restée sur le plateau découvert, à l'entrée du camp, où l'état-major déjeune sous la case qui, très probablement, vient d'être abandonnée par Béhanzin.

Des reconnaissances sont envoyées à un ou deux kilomètres dans la direction d'Oumbomédi. Elles rentrent sans avoir été inquiétées. A deux heures, la colonne reprend sa marche, précédée de sa cavalerie, dont le 2e peloton constitue l'avant-garde.

La brousse est beaucoup moins dense ; les bois se font plus rares et la végétation se rapproche beaucoup de celle que l'on rencontre en traversant le Cayor (Sénégal).

Le sentier que nous suivons est large, relativement sec ; nous pouvons faire quelque temps de trot.

Après deux ou trois haltes que nous faisons pour permettre à l'infanterie de rapprocher ses distances, nous franchissons rapidement 3 ou 4 kilomètres et nous arrivons à proximité d'un village que nos deux guides nomment Kasoupa. Le capitaine Trinité-Schillemans de l'état-major, qui est resté en tête avec le commandant Villiers, choisit un emplacement pour installer le camp.

Sans mettre pied à terre, nous fouillons sommairement le village où l'on arrive par deux sentiers qui descendent vers la gauche, c'est-à-dire au sud.

Comme à Poguessa, et plus récemment à Sabovi, toutes les cases sont abandonnées ; et en fait de provisions de bouche, nous ne trouvons que du maïs, quelques œufs et un pigeon. La plupart des jarres destinées à contenir l'eau ont été renversées ou brisées.

Pendant deux longues heures, des patrouilles dirigées par nos guides cherchent sans succès des mares aux alentours du village. Les guides semblent se faire un malin plaisir à nous engager sur de mauvaises pistes. Impatienté, le commandant Villiers fait appréhender l'un des Tofanis par deux vigoureux spahis et leur donne l'ordre de mettre la corde au cou du bonhomme pour lui rafraîchir la mémoire ; c'est évidemment le meilleur moyen d'en tirer quelque chose. A ce moment, le colonel nous fait dire de rejoindre ; le guide échappe au supplice qui lui était réservé ; mais le nôtre commence et nous rentrons la gorge sèche, annoncer à nos camarades qu'il faudra se passer de soupe et de café. Nous ne sommes pas encore installés qu'il fait déjà nuit noire. Une tornade sèche augmente encore les difficultés de notre aménagement. Fort heureusement nous avions fait un déjeuner assez copieux car notre dîner se compose de quelques bouchées de biscuit, arrosées d'une ou deux gorgées de tafia.

Pour la première fois, nous éprouvons les souffrances de la soif ; quelques sapeurs de bonne volonté, sous la direction de leur dévoué capitaine, cherchent à creuser des puits; partout la couche argileuse apparaît à quelques décimètres et descend qui sait à quelle profondeur?

Malgré la soif, le sommeil nous gagne et la nuit se passe relativement assez bien.

Vers minuit, notre ami Villarem nous rejoint avec ses aides et ses porteurs; il a placé environ 12 kilomètres de câble, c'est-à-dire tout ce qu'il avait emporté, pensant que nous ne parcourrions même pas cette distance. A bout de fil et de ressources, complètement exténué, il est venu nous rejoindre pour prendre les ordres du colonel.

A la pointe du jour, l'interprète Mahmadou vient dire au commandant Villiers que notre jeune prisonnier, connaissant la région, peut nous conduire aux points d'eau. Immédiatement, une corvée est commandée; et effectivement, trois quarts d'heure plus tard, les bidons et les calebasses sont rapportées pleines d'un liquide un peu boueux que nous ne prenons guère le temps de filtrer.

Presque au même moment, les nuages qui se sont amoncelés au-dessus du camp pendant la nuit, crèvent et laissent tomber à flots une délicieuse eau filtrée qui, des toiles des tentes, s'écoule dans tout ce que nous possédons en fait de récipients.

En un clin d'œil, le camp a changé de physionomie et les visages d'expression. Les bruits de l'orage sont couverts par les rires et les exclamations joyeuses des deux mille repus.

Comme il est impossible de se remettre en route

pendant la tornade, on déjeune sur place, et la colonne ne reprend sa marche que vers 1 heure après-midi.

La végétation redevient plus dense et plus élevée, le sentier plus étroit et plus défoncé. Nous traversons une petite forêt située dans un bas-fonds parcouru par un ruisseau. Là, le chemin n'est plus qu'un long marécage dans lequel nos chevaux pataugent et d'où ils se tirent avec peine. Quelques cavaliers roulent dans la boue avec leurs montures. Ce passage, déjà pénible pour la cavalerie, sera très difficile pour l'infanterie et atroce pour le convoi.

Après avoir parcouru en trois heures environ 6 kilomètres, nous laissons à notre droite le village d'Oumbomédi, au delà duquel la cavalerie jalonne un campement dans une clairière couverte de hautes herbes.

Celles-ci sont foulées aux pieds des chevaux dans une marche en bataille effectuée en différents sens par les escadrons. A 5 heures, les dernières fractions de marche s'installent au camp; mais le convoi n'arrive qu'à 10 heures après avoir eu à surmonter des difficultés inouïes. Dès 8 heures du soir, le colonel avait envoyé à sa rencontre et à son aide des hommes munis de torches et un groupe de porteurs. Mon collègue Roynard, chargé de la direction de notre convoi, arrive exténué. Les lieutenants Merlin et Valabrègue, de l'artillerie, sont également épuisés, de même que tous leurs gradés. Chacun a mis la main à la pâte pour aider à franchir le mauvais pas.

Des reconnaissances de cavalerie et d'infanterie envoyées avant la nuit dans la direction d'Akpa ont signalé la présence de l'ennemi, dont les bivouacs ne sont distants que de 2 ou 3 kilomètres.

Le 12, dès 5 heures du matin, les sapeurs du génie, secondés par une centaine de Tofanis, s'occupent d'améliorer les sentiers. Une heure plus tard, la colonne, divisée en trois groupes, lève le camp. Deux pelotons de cavalerie (de Tavernost et Basset) éclairent la marche en avant et à droite. Le reste des escadrons, faisant partie du groupe de gauche, protège le convoi qui est au centre.

Un marigot presque complètement à sec, mais dont les bords sont assez escarpés et le fond passablement mouvementé et boueux, nous barre la route à moins de 1 kilomètre du camp que nous venons de quitter. Les deux premiers groupes réussissent à le franchir sans rencontrer les mêmes difficultés que le nôtre, dont l'artillerie est obligée de faire demi-tour pour s'engager à la suite de la 2e colonne. Nous réussissons à passer après avoir mis pied à terre.

Vers 8 heures, commence une fusillade dont l'intensité va en augmentant progressivement pendant cinq minutes. Quelques obus passent en sifflant au-dessus de nos têtes et vont tomber loin derrière nous.

L'éclatant claquement des salves de la légion, que vient renforcer le roulement plus grave et moins régulier des décharges des tirailleurs et auquel s'ajoute la note puissante de l'artillerie, masque bientôt le bruit de la fusillade ennemie, dont on n'entend plus que le sifflement des balles. Nous avons mis pied à terre et nous restons ainsi la bride au bras, pendant environ une heure, en progressant seulement de quelques centaines de mètres. Un peu en avant de nous, je remarque le peloton d'Haoussas du lieutenant Mérienne-Lucas. Nous flanquons avec lui la gauche du convoi.

Les Dahoméens semblent diriger plus particulièrement leurs efforts sur l'aile gauche qu'ils débordent et qu'ils cherchent à tourner. Un de leurs groupes s'avance très près de nous à la faveur des hautes herbes; il nous fusille presque à bout portant, mais très probablement au juger, car toute la décharge passe audessus de nous sans atteindre personne.

Nos spahis, rapidement formés en bataille, genou en terre, font des feux de salve par peloton; ils sont appuyés à droite par les Haoussas, en arrière par un groupe de tirailleurs.

Les Dahoméens sont refoulés et leur feu cesse sur notre ligne.

Pendant l'action, un Dahoméen est venu se faire tuer à quatre pas du carré par notre maréchal des logis chef.

Un essaim d'abeilles se précipite sur l'escadron au moment où il se reforme pour se porter en avant. Cette attaque soudaine occasionne plus de trouble dans les rangs que ne l'a fait le feu de l'ennemi. Hommes et chevaux cherchent à se débarrasser de ces dangereuses bestioles qui font une trentaine de victimes, parmi lesquelles, les deux capitaines. J'ai dans mes fontes un flacon de thymol qui me sert à panser les blessés.

Notre camarade Basset vient nous rejoindre avec son peloton; il n'a eu qu'un homme blessé dès le début de l'engagement. Quelques instants après, de Tavernost ramène le 1er peloton qui était à l'avant-garde du groupe de droite ; il lui manque un spahi et son cheval. Dès 8 heures du matin, la pointe d'avant-garde engagée dans un sentier couvert, s'est butée contre un avant-poste ennemi. Les Dahoméens ont laissé le peloton s'engager à fond, puis, sans tirer un seul coup de fusil, ils se sont précipités sur nos cavaliers. Les spahis, après avoir déchargé leur carabine, se sont frayés un passage à l'arme blanche pour venir rejoindre la tête de colonne dont ils n'étaient distants que d'environ 300 mètres. Toujours poursuivis par la bande ennemie, il sont venus se reformer derrière une compagnie de la légion dont le feu a arrêté net l'élan des Dahoméens. Dans la mêlée, le spahi Samba-Sall a disparu avec sa monture.

La fusillade se continue très nourrie sur la première face. Vers 9 h. 1/2, il y a un moment d'accalmie, quand tout à coup succède au silence une énorme clameur en même temps que tambours et clairons battent et sonnent la charge.

L'ennemi se replie brusquement, après avoir résisté quelques secondes. Une première ligne de tranchées vient d'être enlevée. Il faut renouveler quatre ou cinq fois la charge à la baïonnette pour se rendre maître des retranchements sur lesquels on fait une halte à 11 heures, tout en conservant la formation en carré.

Quel n'est pas notre étonnement en voyant le spahi Samba-Sall rentrer à demi vêtu et sans armes. Dans un très mauvais français, il nous raconte que désarçonné par cinq ou six Dahoméens, il allait être emmené prisonnier lorsque le feu de la légion a jeté le désarroi parmi ses ennemis ; alors, profitant de cet instant de panique, il a disparu dans la brousse, et c'est en rampant qu'il est parvenu à rejoindre la première ligne du carré où il est resté pour faire le coup de feu jusqu'à la fin de l'engagement.

Bientôt des légionnaires ramènent le cheval abandonné qui a reçu plusieurs blessures, dont une faisant séton à travers l'encolure.

Le paquetage complet est resté entre les mains de l'ennemi.

Il fait une chaleur excessive et nous manquons d'eau pour déjeuner. Nos chevaux haletants, la tête basse, refusent de manger l'orge qui leur est présentée. Nos hommes se partagent le contenu du fond de leurs gourdes; et nous offrons à nos camarades un petit déjeuner froid, composé de sardines, de caviar et de biscuit, le tout arrosé d'une demi-bouteille de champagne, d'un litre de vin surchauffé, pour neuf convives. C'est assez maigre, mais nombre de nos voisins n'ont pas l'équivalent.

Toutes les provisions sont encore au convoi; et du reste, faute d'eau, il nous serait impossible de manger davantage.

A midi, le 4e peloton reçoit l'ordre de se porter en avant dans le but de reconnaître la distance qui nous sépare de l'ennemi; nous montons à cheval et entrons dans le fourré. A peine avons-nous franchi quelques centaines de mètres que plusieurs coups de feu éclatent sur notre droite; mon fidèle Dofalo-Kouloubari abat un Dahoméen. Nous nous concertons, le lieutenant Legrand, le maréchal des logis d'Urbal et moi et nous décidons qu'il serait imprudent d'engager davantage le peloton dans cette brousse où l'on risque de tomber au milieu d'une embuscade sans l'apercevoir; du reste, les coups de feu ont été entendus au camp et le commandant Villiers nous envoie l'ordre de rentrer.

A 1 heure, la colonne reprend sa marche en carré; le combat ne tarde pas à s'engager sur toute la ligne. Il fait une chaleur intolérable; deux ou trois de nos spahis européens tombent d'insolation et parmi ceux-là le maréchal des logis Rutlinger, dont l'état est un moment très grave. Je distribue de la quinine aux malades, qui sont en même temps frictionnés avec de l'alcool de menthe.

Les hommes sont épuisés plus encore par la température et la soif que par la lutte qui dure depuis le matin. Vers 3 heures, le colonel donne l'ordre de bivouaquer en arrière d'une clairière à environ un kilomètre au delà du point où nous avions déjeuné.

Des corvées vont chercher de l'eau dans les fondrières du marigot, que nous avons franchi avant l'attaque du matin. Elles nous rapportent un mélange boueux plus épais que le meilleur lait de chaux; impossible de déglutir deux gorgées de cette bouillie qui contracte la gorge sans la rafraîchir. Même impossibilité de la filtrer pour la débarrasser du plus gros des matières terreuses; je la fais passer à travers un sac à distribution plié en quatre et je complète l'opération en la clarifiant tant bien que mal avec un morceau d'alun. J'essaye ensuite d'en faire une infusion de thé. Le breuvage que j'obtiens est encore inabsorbable. Mon cuisinier a l'idée de faire roussir quelques tranches d'oignons dans du beurre et de râper un bout de gruyère qu'il mélange à ma mixture. Décidément, le procédé n'est pas trop mauvais, et les moins difficiles pourront absorber un bol de cette affreuse cuisine.

***

Plutôt par habitude que par nécessité, les tentes ont été dressées. Quelques groupes se forment pour deviser sur l'avenir ; on envie bien aussi quelque peu le sort des petits camarades, dont la seule préoccupation à l'heure actuelle consiste à attendre sur la terrasse d'un grand café des boulevards « l'apéritif bien frais » demandé !

A 7 heures, le capitaine Crémieu-Foa part avec une escorte et un groupe de porteurs à la recherche d'eau potable.

Mais voici des éclairs et le grondement lointain du tonnerre qui semblent annoncer le début d'une tornade ?... Au calme plat de l'atmosphère succède un bruissement des feuilles et des herbes. Le vent se lève. De gros nuages noirs s'amoncèlent, formant une voûte épaisse que trouent le sillage des éclairs et qu'ébranlent les roulements de la foudre. Voici maintenant l'averse bienfaisante. Il est 11 heures, mais personne ne dort ; chacun se précipite sur les caisses en zinc, les seaux, les calebasses, et l'on recueille de l'eau à profusion. Je bois les deux premiers litres de ma récolte, le camarade de Tavernost en absorbe davantage encore. Le capitaine Crémieu revient trempé jusqu'aux os, mais content quand même !...

Que c'est bon de boire à sa soif ! Et comme nous allons bien dormir.

Les escadrons reviennent à Adégon pour chercher un convoi de munitions. — Retour du convoi. — Camp des cadavres. — Rencontre de la compagnie Robard. — Attaque du convoi. — Nous rejoignons là colonne.

Le lendemain, dès l'aube, la colonne prend ses dispositions pour refouler l'ennemi sur Akpa et Kotopa. A l'exception d'un peloton qui reste avec le gros (1), la cavalerie reçoit l'ordre de revenir sur Adégon d'où elle ramènera un convoi de munitions.

Près de 40.000 cartouches ont été dépensées pendant le combat du 12.

A peine avons-nous eu le temps de seller, que déjà la lutte recommence aux avant-postes. Nous emmenons un certain nombre d'éclopés, de fiévreux qui doivent être évacués sur Porto-Novo ; et parmi ceux-là deux sous-officiers de l'escadron: Ladet et Rutlinger. Nombre de nos jeunes spahis européens ont déjà disparu pour la même raison; les cadres venus du Sénégal résistent mieux, et surtout réagissent davantage.

La dysenterie commence à faire ses ravages parmi les porteurs ; cinq ou six d'entre eux se traînent péniblement à la suite du convoi ; un autre, à bout de forces, ne peut plus avancer. Nous le hissons en croupe : il succombe avant notre arrivée à Adégon, où le convoi débouche vers onze heures du matin.

Environ 150 sacs d'infanterie qui ont été laissés dans

(1) Le 2e peloton, lieutenant Basset et mon collègue Roynard avec notre convoi.

ce poste, sont remplis de paquets de cartouches sous la direction des officiers de la compagnie Kuntz, de volontaires sénégalais et du lieutenant de vaisseau Colson, commandant en second la flottille.

Pendant ce temps, nous déjeunons très copieusement, les uns à la popote du poste, les autres à bord du *Corail*.

A 2 heures, 32.000 cartouches et une cinquantaine d'obus sont chargés sur les petits chevaux de l'escadron volontaire, que leurs cavaliers conduiront en main pour rejoindre la colonne le soir même. Ce premier détachement est commandé par le capitaine Crémieu et le lieutenant de Tavernost.

Après leur départ, 48.000 cartouches et un certain nombre d'obus sont mis en caisses pour être enlevés le lendemain par le convoi de porteurs que nous devons escorter.

Pendant la nuit, notre commandant est pris d'un violent accès de fièvre qui le met dans l'impossibilité de nous suivre. Il laisse le commandement de l'escorte au capitaine de Fitz-James avec lequel nous partons dès 6 heures du matin.

Les porteurs avancent lentement dans ces chemins affreusement défoncés. A chaque instant, il faut faire une halte pour éviter un allongement trop considérable de la colonne, et surtout pour donner un instant de repos aux coolies éreintés; la grand'halte a lieu au camp de Sabovi.

De 11 heures à 1 heure, temps consacré au déjeuner et à la sieste, la chaleur est étouffante. Pourtant, il faut se remettre en marche si l'on veut arriver à Kosoupa avant la nuit. Péniblement les porteurs reprennent leurs fardeaux et, tant bien que mal, nous arrivons au gîte d'étape vers six heures du soir.

Les cases qui ont été établies lors de notre premier passage, nous serviront d'abri. Nos chevaux ayant été copieusement abreuvés à Sabovi, pourront attendre au lendemain.

J'envoie une corvée de Tofanis puiser de l'eau dans une mare qui se trouve à environ 1.800 mètres du camp, dans un bas-fonds, au milieu de la forêt.

Le soleil vient de disparaître derrière les cimes; tout est préparé pour faire la soupe, mais l'eau n'arrive pas. Deux spahis envoyés à la recherche des porteurs, les trouvent à 100 mètres du camp avec leurs seaux vides ; la crainte de rencontrer des Dahoméens les a cloués sur place, et mes camarades me font remarquer que l'absinthe va s'évaporer dans les gobelets surchauffés.

Je saute à cheval et j'oblige la corvée à me suivre; bientôt nous sommes rejoints par mes quatre fidèles spahis qui viennent au pas de course, la carabine sur l'épaule. Pataugeant dans une boue épaisse, nous arrivons à la mare lorsqu'il fait déjà nuit. Les difficultés du retour sont augmentées par l'épaisseur des ténèbres sous la voûte noire que forment les grands arbres ; on trébuche contre les racines et les souches, on se heurte contre les branches, on s'enfonce dans les flaques. Enfin, nous voilà sortis de ce mauvais pas; je pousse un soupir de satisfaction en apercevant les feux du camp !

Après le dîner, je m'installe avec le capitaine Fitz-

James, sous la case de popote pour y passer la nuit. A peine sommes-nous enveloppés dans nos burnous, à l'abri des moustiques, que des légions de fourmis attirées par les bribes du repas, en veulent aussi à nos personnes. D'un bond, nous sommes sur pied; d'un autre en plein air, où nous quittons précipitamment vêtements et chaussures pour les secouer, les battre avec force et en chasser au plus vite les dangereux hyménoptères.

Je vais ensuite passer la nuit sous la case où dorment déjà mes camarades Perrier et Basset.

Le lendemain, nous sommes obligés de flamber nos ustensiles de cuisine pour les débarrasser de la couche fourmillante qui les recouvre.

***

— Où rencontrerons-nous la colonne? — Telle est la question que chacun pose à son voisin avant de reprendre la direction d'Oumbomédi. Pour mon compte, je ne doute pas que la ligne du Koto n'ait été enlevée par nos troupes et que Kotopa ne soit en leur pouvoir? Pleins de confiance et d'entrain, nous nous remettons en marche.

Bientôt, notre convoi arrive au passage difficile où les chariots se sont embourbés le 11 octobre. Les porteurs, à certains endroits, ont de la boue jusqu'à mi-jambe et de l'eau jusqu'au-dessus du genou. Nous mettons plus de deux heures à franchir moins de trois kilomètres. Nos chevaux peuvent boire à satiété, bien que l'eau soit affreusement terreuse. A 10 heures, nous

Jeune guerrier achevant les blessés.

arrivons à la hauteur des tranchées où s'est livré le combat du 12; une demi-heure plus tard nous entrons dans un vaste camp dahoméen où quelques douzaines de cadavres sont déchiquetés par quelques centaines de vautours. Malgré le dicton — le cadavre d'un ennemi sent toujours bon — nous ne pouvons résister à la puanteur qui suffoque les moins douillets. Chacun se hâte de fuir ce hideux spectacle. On respire le moins possible à travers l'épaisseur des burnous ou des pagnes. A quelques centaines de mètres, l'air est moins empesté; l'on ne rencontre plus que quelques cadavres disséminés de chaque côté du sentier, lorsque tout à coup une détonation, partie à deux pas derrière moi, me fait retourner vivement. C'est le capitaine qui vient de tirer sur un vautour à la curée; ses voisins ne s'envolent même pas; ils se contentent de fuir à 10 ou 15 mètres de leur hideuse pâture. Enfin, nous arrivons à l'autre extrémité de cette nécropole, désignée depuis sous le nom de « camp des cadavres ».

Notre chef ordonne la halte ; chacun prend ses dispositions pour déjeuner, pendant que des cavaliers sont envoyés en exploration en avant de l'emplacement que nous avons choisi. Ces spahis reviennent quelques minutes plus tard. Ils rendent compte au capitaine de Fitz-James que la compagnie Robard nous attend à douze ou quinze cents mètres de là, dans le camp où la colonne tout entière s'était installée l'avant-veille.

Le convoi est rapidement reformé. Nous quittons le chemin d'Akpa, nous obliquons à droite à travers la brousse foulée par le gros des troupes et nous arrivons à 11 heures au camp des tirailleurs où le capitaine Robard et son lieutenant Marceau nous ont fait préparer un déjeuner sommaire : sardines, viande de conserve sautée, grillade de cheval.

Ils ont du biscuit, de l'eau et du café. Nous apportons des pommes de terre, du fromage, du vin, du tafia et du tabac. C'est la fête!....

Onze heures et demie. — Tout est paré, nous dit le cuisinier, suivant l'expression consacrée par les noirs, et qui veut dire: « tout est prêt », à table! — Et maintenant, que devient la colonne? — demande le capitaine de Fitz-James à son collègue.

Le capitaine Robard nous résume la suite des opérations, à dater du moment où nous sommes revenus sur Adégon, c'est-à-dire le 13 au matin :

« Dès la première heure, les troupes se mettent en marche, laissant sur place le convoi convenablement protégé.

» Les éclaireurs ne tardent pas à être refoulés par les Dahoméens; ceux-ci, enhardis, prononcent leur attaque, qui est vigoureusement repoussée par les feux de salve suivis d'une charge à la baïonnette. Une partie des assaillants se retire du côté d'Akpa; tandis qu'une autre plus audacieuse attaque le groupe de gauche qui, renforcé par deux compagnies de la légion, refoule également l'ennemi. Les Dahoméens se reforment en avant de leur campement; celui-ci est enlevé à la baïonnette par les 1er et 3e groupes. L'artillerie continue ses feux de poursuite pendant que la colonne s'installe sur le plateau au delà du camp abandonné où le convoi vient la rejoindre dans l'après-midi.

« Cette affaire nous coûte environ 10 tués et 30 blessés, parmi lesquels les lieutenants Kieffer, Grandmontage et Passagua.

» Jusqu'à la tombée de la nuit les troupes souffrent de la soif; une bienfaisante tornade leur amène la pluie qui les réconforte.

» D'après les renseignements parvenus au colonel, les abords du Koto sont solidement protégés par les tatas de Kotopa, en avant desquels les Dahoméens ont élevé plusieurs lignes de retranchements. Craignant de perdre trop de monde en essayant une attaque de front, le colonel donne l'ordre de faire un mouvement tournant vers le nord, c'est-à-dire sur la gauche ennemie. Et, pour masquer ce mouvement, l'artillerie, soutenue par une compagnie de tirailleurs sénégalais, couvre de projectiles les positions ennemies. Les Dahoméens ripostent vigoureusement.

» La colonne, après avoir traversé un plateau relativement découvert, oblique vers l'ouest et arrive à proximité du Koto où les porteurs, malgré quelques coups de fusil, vont puiser de l'eau. A cet endroit, la rivière coule au milieu d'une brousse épaisse entremêlée de lianes et au-dessus de laquelle s'élèvent les faîtes des palmiers et des fromagers. Les patrouilles et les reconnaissances ne découvrent aucun chemin praticable; elles sont reçues par la fusillade des Dahoméens qui se sont embusqués sur l'autre rive. Pendant le reste de la journée, l'artillerie ennemie envoie des projectiles sur le camp; la nôtre riposte coup pour coup. Les Dahoméens s'enhardissent et attaquent le carré qui occupe une position défectueuse sur une pente et reste trop exposé aux projectiles. Le camp est reporté à quelques centaines de mètres en arrière. Cette journée nous coûte deux ou trois tués et plusieurs blessés, parmi lesquels le capitaine Battréau, de la légion.

» Au moment où le convoi vient rejoindre la colonne, ma compagnie se porte sur l'emplacement qu'il vient de quitter et où j'ai reçu l'ordre de vous attendre. »

. . . .

Pendant ce récit, nous entendons tonner le canon, et bientôt nous distinguons même l'éclatement des obus, qui va en se rapprochant progressivement. Puis le silence se fait, et environ un quart d'heure plus tard, nous apercevons un groupe de tirailleurs qui se dirige vers notre camp. Commandé par le lieutenant Mouveaux, ce détachement est envoyé pour renforcer l'escorte du convoi. En traversant le plateau dont il a été fait mention précédemment, les tirailleurs ont essuyé le feu de l'artillerie dahoméenne, ce qui nous explique la canonnade de tout à l'heure.

Et Mouveaux nous dit d'un ton rauque : « Ça va chauffer bientôt, lorsque nous arriverons au même point. En attendant, donnez-moi à boire ; depuis hier à midi nous n'avons pas une goutte d'eau dans le camp. »

D'un trait il absorbe plus d'un litre d'eau vineuse, pendant que nos spahis partagent avec ses tirailleurs le peu de liquide qui leur reste.

Et Mouveaux, bien réconforté, nous fait alors connaître plus amplement la pénible situation dans laquelle se trouve la colonne :

« Les corvées envoyées le matin pour puiser de l'eau n'ont pu aborder les rives du Koto, fortement défendues. Soutenus par leur artillerie, les Dahoméens se sont précipités sur les porteurs, et la compagnie Sauvage, qui défendait la corvée, a été elle-même débordée par l'ennemi. Plusieurs sections de légionnaires et de tirailleurs ont été lancées avec les Haoussas, et, secondées par le feu de l'artillerie, elles sont parvenues à arrêter l'élan des Dahoméens et même à les refouler. »

— Peut-être sommes-nous en possession du Koto maintenant? ajoute notre camarade; le combat durait encore lorsque j'ai reçu l'ordre de venir à votre rencontre.

Il fait encore trop chaud pour se remettre en marche. Tandis que les camarades terminent leur repas et surveillent les préparatifs du départ, je fais dépecer le cadavre de l'un de nos chevaux qui a été grièvement blessé pendant le combat de la veille et que l'on a abattu sur place. Les plus beaux morceaux seront emportés pour faire la soupe ce soir; les Tofanis se partagent avidement les débris qui restent, sans même laisser un lambeau de peau, ni un bout d'intestin.

A 2 heures, le convoi se met en route précédé par deux pelotons de spahis, flanqué par la compagnie Robard sur sa gauche, par la section Mouveaux sur sa droite, et poussé par le troisième peloton de cavalerie.

Le capitaine de Fitz-James en conserve le commandement. Quelques pâtrouilles sont envoyées en éventail pour éclairer le terrain. Nous parcourons ainsi trois kilomètres. Puis le sol va en s'élevant quelque peu et à mesure la brousse devient moins dense. Nous voilà sur un plateau relativement découvert. En avant et vers la gauche nous apercevons, à un kilomètre, quelques dizaines d'hommes qui, sortant du fourré, s'avancent perpendiculairement à la direction que nous avons prise. Tout d'abord, nous supposons que ce sont des Tofanis qui reviennent d'une corvée de bois. Leur nombre augmente rapidement. Autant que nous pouvons en juger maintenant, ils sont quatre à cinq cents et l'on voit briller les canons de leurs fusils.

Le convoi continue à s'avancer lentement. Bientôt un coup de canon retentit sur notre gauche; le projectile passe en sifflant au-dessus du groupe et va tomber à 50 mètres trop loin.

Dix secondes après, un autre obus arrive 100 mètres trop court; puis un troisième éclate en plein centre du convoi. En même temps, le groupe de guerriers que nous venons d'apercevoir ouvre sur nous un feu nourri de mousqueterie. A n'en plus douter, ce sont les Dahoméens. Nos porteurs, affolés, s'arrêtent et se couchent à plat ventre, d'autres cherchent à fuir; mais ils sont solidement maintenus par les tirailleurs qui les encadrent.

Rapidement, le capitaine de Fitz-James fait avancer ses trois pelotons dans le but d'essayer de tourner les assaillants et de les refouler contre la compagnie de tirailleurs. Il veut reconnaître lui-même le terrain et part au galop avec le maréchal des logis Gremillet et son ordonnance. Les cavaliers ont reçu l'ordre de ne pas bouger; mais le capitaine n'a pas encore parcouru cent mètres que le deuxième peloton s'élance à sa suite en poussant des hurlements et en tiraillant au risque de blesser plus d'amis que d'ennemis.

Le lieutenant est impuissant à retenir tous ces forcenés qui paralysent, en s'interposant ainsi, le tir de la compagnie Robard.

Les Dahoméens sont rentrés sous le fourré, d'où ils continuent à tirailler. Le capitaine de Fitz-James rebrousse chemin et rallie le peloton. Nous mettons pied à terre pour faire des feux de salve. L'infanterie a pu recommencer à tirer.

Bientôt arrivent du camp, situé à environ 2 kilomètres, le capitaine Crémieu-Foa et le lieutenant de Tavernost qui viennent, avec l'escadron de spahis volontaires, renforcer l'escorte du convoi. Leurs hommes se forment à côté des nôtres. M. Crémieu-Foa paraît énervé. Je cause avec le camarade Legrand, lorsqu'il vient me serrer la main ; d'un ton découragé il me dit : « Le capitaine Marmet vient d'être tué ; le commandant Stephani et le lieutenant d'Urbal ont été blessés ; nous n'avons pu nous emparer du Koto et nous mourrons de soif ; c'est un désastre ! »

Quelques instants après, les pelotons Jacquot et Courtois, de la légion étrangère, prennent en écharpe les tirailleurs dahoméens. Le capitaine de Fitz-James m'envoie porter l'ordre au capitaine Robard d'avancer avec le convoi, en obliquant légèrement à droite de façon à l'abriter le plus possible. Bien que je sois à cheval, à part quelques rares exceptions, les balles sifflent trop haut pour m'atteindre ; pourtant un projectile me passe si près de l'oreille que j'en suis assourdi pendant quelques secondes.

Grâce aux feux convergents de nos troupes et des renforts, les Dahoméens lâchent pied et leur fusillade diminue progressivement, mais leur artillerie continue à nous envoyer des projectiles jusqu'au camp où nous arrivons vers 4 heures.

A peine avons-nous installé nos chevaux à la corde, qu'un obus frôlant la monture du capitaine de Fitz-James, tombe à dix pas devant nous, tuant trois pauvres petits Tofanis, domestiques à la popote des officiers d'artillerie, et en blesse mortellement un quatrième qui, les yeux crevés, la cuisse brisée, saute à cloche pied en hurlant d'une façon lamentable. Placé sur le prolongement de la trajectoire, j'ai reçu seulement quelques parcelles de sable et je n'ai même pas songé à m'accroupir lorsque j'ai entendu venir le projectile. Par contre, je me laisse aller sur les genoux lorsque, quelques secondes plus tard, un deuxième passe directement au-dessus de ma tête.

Le colonel, jugeant la position intenable, donne l'ordre de reporter le bivouac en arrière.

Pendant que la colonne effectue son mouvement, notre artillerie riposte à celle des Dahoméens. Le lieutenant Merlin, juché sur un gros ficus, règle la direction du tir.

Les morts sont ensevelis par les soins du brave aumônier Vathelet qui, toujours calme et souriant, semble aussi à son aise au milieu de cette brousse que s'il se trouvait derrière son autel à bord du vaisseau-amiral.

Un peu avant le crépuscule, la canonnade cesse de part et d'autre, et c'est par groupes que nous voyons venir à nous les pauvres camarades assoiffés qui savent que les spahis viennent d'arriver. Ma peau de bouc contient encore quelques verres d'un mélange surchauffé de tafia et d'eau; elle passe de bouche en bouche. Fort heureusement l'on ne peut boire beaucoup de ce breuvage qui brûle le gosier après avoir paru le rafraîchir. Basset, Legrand et Perrier n'ont plus également que quelques gouttes d'un mélange analogue au mien; ils le passent à qui en veut.

Les provisions de bouche abondent encore dans nos caisses, mais de liquide point, ou si peu!... et pas une goutte d'eau pour faire la soupe, ni même une petite tasse de café!

Je fouille un peu partout et je découvre qu'il nous reste une boîte d'asperges, deux bouteilles de vin rouge et une demi-bouteille de champagne. Tout d'abord, c'est sur la boîte d'asperges que se portent nos convoitises; elle est soigneusement ouverte; le peu d'eau qu'elle contient est partagé en 8 minuscules rations strictement égales — autant que de convives — puis les asperges sont réparties avec la même régularité.

A ce moment arrive le lieutenant-colonel Grégoire.

— Je sais, dit-il, qu'alors même que l'on ne trouve plus rien ailleurs, les spahis ont encore des réserves, et je viens leur demander un verre d'eau.

— Nous n'en possédons plus une goutte, mon colonel, lui répond le capitaine de Fitz-James, mais notre chef de popote va vous verser un quart de vin.

Au lieu de le boire, le lieutenant-colonel se dispose

à emporter le précieux liquide pour le partager avec ses camarades...

— Buvez d'abord ceci, lui dit notre capitaine. Voici maintenant pour les voisins, ajoute-t-il, en lui offrant le reste de la bouteille.

Et le capitaine Roques, qui semble n'avoir jamais un instant pour songer à lui, se multiplie pour rendre mille petits services aux autres; il vient tout anxieux me prévenir que mon ami Villarem, épuisé par la fièvre et la soif, râle sous sa tente en compagnie du lieutenant Mounayre, qui n'en vaut guère mieux. C'est le cas d'utiliser la dernière demi-bouteille de champagne...

En ces moments critiques, quel est le plus satisfait, le plus heureux? Est-ce celui qui offre? Est-ce celui qui reçoit? Je n'ai encore pu résoudre la question, mais je crois que le premier rôle est le plus agréable.

Le capitaine de Fitz-James me confie une mission. — Il propose au colonel de revenir avec ses spahis vers Oumbomédi pour en rapporter de l'eau. — Départ des escadrons. — La nuit du 16 octobre.

Le colonel réunit les chefs de groupes et d'unités afin de leur communiquer ses ordres pour la journée du lendemain.

A son retour, le capitaine de Fitz-James, me prenant à l'écart, me dit :

— Je compte sur vous pour retourner à Adégon cette nuit. Prenez quatre spahis à votre choix et allez de ma part rendre compte au commandant Villiers de notre situation; il ne me pardonnerait pas si je lui laissais ignorer que l'on peut avoir besoin très prochainement de son intervention. S'il est suffisamment rétabli, vous reviendrez certainement ensemble.

Puis il donne quelques ordres de détail à mes camarades avant de retourner chez le colonel.

Immédiatement je me mets à la recherche de mes quatre gaillards. Ce sont toujours les mêmes : mon ordonnance, mes deux maréchaux indigènes, et le bambara Dofalo-Kouloubary. Nous voilà tous réunis.

— Tenez-vous prêts à monter à cheval avec moi dans une heure, leur dis-je.

Puis, je viens rejoindre mes camarades. En même temps, arrive le capitaine de Fitz-James.

— Mes amis, nous dit-il, j'ai proposé au colonel et obtenu de retourner ce soir vers Oumbomédi avec tous mes spahis pour en rapporter l'eau nécessaire à la colonne. Nous partirons dans une heure, le temps nécessaire pour rassembler tous les bidons, et nous reviendrons à la grâce de Dieu, en essayant de traverser les lignes dahoméennes que nous allons d'abord franchir au départ.

— Quant à vous, me dit-il, en m'attirant à l'écart, vous ne nous quitterez qu'après notre arrivée au point d'eau ; c'est sur votre route !

D'après les conseils des docteurs Vallois et Thomas, qui ont constaté l'état d'épuisement de mon ami Villarem, j'obtiens facilement du capitaine de Fitz-James l'autorisation de profiter de mon retour sur le fleuve pour emmener notre pauvre télégraphiste et l'évacuer sur une canonnière qui le transportera à Porto-Novo.

Un cheval sera donc mis à sa disposition au moment de notre départ. Je m'empresse d'aller prévenir le malade de la détermination qui vient d'être prise à son sujet; il m'écoute sans me comprendre, je crois; en tous cas, sa physionomie ne manifeste ni surprise, ni satisfaction, ni déplaisir. Bien qu'un peu ranimé par le champagne, il est encore extrêmement faible; ses jambes œdématiées refusent de le porter; et, de chaque côté, dans le pli de l'aine, une énorme adénite contribue encore à augmenter la gêne de ses mouvements

A 9 heures et demie, par une nuit profonde, absolument propice à ce coup de main, nous montons à cheval, munis de lanternes et de torches éteintes; nos camarades nous souhaitent bonne chance, et la colonne s'enfonce en file indienne dans le sentier étroit et sinueux qui se dirige vers le chemin d'Akpa.

L'on n'entend que les roulements sourds des onze cents bidons qui frappent de chaque côté des karbous après lesquels ils ont été accrochés. La colonne se déroule lentement; le guide éprouve les plus grandes difficultés à se reconnaître dans cette brousse, où tous les buissons se ressemblent, où le sentier mal frayé se perd dans les hautes herbes. A chaque instant on cesse d'avancer, et ceux qui, comme moi, se trouvent en queue, font mille conjectures sur les causes de ces arrêts qui semblent interminables. A un moment donné, le guide se trompe de direction; il nous conduit sur le camp d'Akpa; fort heureusement l'erreur est constatée à temps et avant que les Dahoméens aient été avertis de notre présence. Après plus d'une heure et demie de marche entrecoupée de temps d'arrêts, nous arrivons enfin au large sentier qui, de Kotopa, se dirige sur Oumbomédi, Kosoupa et le fleuve. C'est le chemin que nous avons déjà suivi. Nous voici maintenant au milieu du vaste campement dahoméen encore tout empesté par les nombreux cadavres.

Nos montures trébuchent sur ces hideux débris dont les chairs boursouflées crépitent sous le choc. Et chaque fois, ce sont des écarts à réprimer ; malgré la fatigue qui les accable, nos chevaux ont des ébrouements de frayeur et, comme nous, ils semblent avoir hâte de fuir ce charnier immonde.

Vers minuit, nous arrivons au ruisseau raviné que nous avons traversé le matin du combat du 12. C'est dans les trous boueux de ce marigot que nos spahis se disposent à remplir leurs bidons à la clarté des torches et des lanternes que l'on vient d'allumer. Tous ces diables noirs et rouges qui grouillent sous bois à la lueur jaune de la résine enflammée, ces chevaux altérés, eux aussi, qui hennissent de plaisir et d'impatience à l'odeur et au ruissellement de l'eau, ces chuchotements qui menaceraient de dégénérer en brouhaha si les officiers ne s'interposaient énergiquement, font de ce spectacle un tableau inoubliable.

Dans quelques heures nos braves troupiers auront de l'eau ! Mais quelle eau !!!...

Apercevant alors le capitaine de Fitz-James, je viens lui dire que mes hommes sont prêts à me suivre. Alors, après m'avoir fait une dernière recommandation, il me prend dans ses bras et m'embrasse :

— Au revoir et bonne chance !

— A bientôt ! mon capitaine !

Et je continue ma route sur Adégon.

Moins de trois minutes plus tard, j'entends trotter derrière moi un groupe de cavaliers et mon camarade Perrier qui me hêle. Je m'arrête, Perrier vient me rejoindre avec une douzaine de spahis et me dit que le capitaine de Fitz-James lui a donné l'ordre de m'accompagner. Nous repartons tous ensemble. Je profite des premiers moments de marche pour le mettre au courant de ma mission.

La nuit est toujours aussi obscure ; de gros nuages noirs forment au-dessus de nos têtes une voûte sombre qu'épaissit encore le feuillage touffu des sous-bois que nous traversons.

L'atmosphère semble emprisonnée dans une sphère d'étain ; pas un souffle, pas un bruit ; les oiseaux de nuit, eux-mêmes, paraissent anéantis par ce temps d'orage. Quelques éclairs déchirent au loin la nue dans la direction du levant.

Bien que la soif nous tenaille, nous n'avons pas bu au marigot où nos spahis remplissent les bidons. La fatigue l'emporte, et le sommeil nous gagne ; les faux pas de nos montures dans les fondrières ou contre les racines, les branches qui nous cinglent le visage, nous réveillent brusquement. Enfin, vers 3 heures du matin, nous venons de traverser le camp de Sabovi et nous arrivons au premier marigot qui coupe le chemin entre Sabovi et Poguessa. Notre petite colonne s'arrête pour se désaltérer et faire boire les chevaux. Après avoir absorbé deux ou trois litres d'eau je m'étends sur le bord du marigot où je m'endors d'un sommeil de plomb. Mon vieux Semba me secoue brusquement et me remet à cheval. Un petit vent frais s'est levé; nous n'aurons pas d'orage, mais voici la pluie qui se met à tomber, lentement d'abord, puis à flots.

Et Perrier me dit :

— Quelle veine pour nos pauvres camarades du camp de la soif !

— En effet, cela vaudra mieux que la bouillie qu'on leur rapporte, mieux aussi que le mauvais tafia que nous leur avons offert hier !

L'ondée bienfaisante nous a réveillés, ragaillardis; et c'est en devisant presque gaiement que nous arrivons au pont de Zou, où deux tirailleurs veillent derrière une épaisse haie qui barricade la passerelle.

Il est 5 h. 1/2, le jour commence à poindre. Le capitaine Kuntz, prévenu de notre arrivée, vient à notre rencontre avec ses lieutenants Nèple et Soulas.

Avant de nous rendre auprès du commandant, nous confions à ces messieurs notre ami Willarem que la pénible marche de la nuit a complètement anéanti.

Nos chevaux sont attachés en dehors de l'enceinte du poste; pendant que le brigadier Lachenal veille à leur installation, nous nous dirigeons immédiatement, Perrier et moi, vers le *Corail*, où le commandant Villiers s'est installé depuis son accès de fièvre. Il est à peu près guéri. En quelques mots, je lui rends compte de ma mission; puis je complète les renseignements qui m'ont été donnés par le capitaine de Fitz-James, en lui faisant connaître les événements qui se sont produits depuis deux jours.

— Et maintenant, mon commandant, nous vous demandons six heures de repos pour nos hommes et nos chevaux qui sont exténués par ces vingt-quatre heures de marche et de lutte. Après, nous repartirons avec vous pour rejoindre la colonne?

— Mes amis, répond le commandant, ce n'est pas dans six heures, c'est tout de suite que je compte partir. J'ai conservé avec moi quatre spahis qui me serviront d'escorte. Quant à vous, allez immédiatement prendre un repos que vous n'avez pas volé; vous rejoindrez la colonne quand vous le pourrez : demain ou après-demain; mais songez d'abord à vous réconforter.

— Mais, mon commandant, nous avons l'ordre de revenir avec vous. Nous ne vous laisserons pas partir ainsi. Accordez-nous trois ou quatre heures de repos?

— Non, vous dis-je; ma résolution est inébranlable, mes amis, et vous allez m'obéir? Restez ici en attendant de nouveaux ordres; retrempez-vous. Je partirai dans une heure et ce soir j'aurai rejoint mes escadrons.

Nous n'avons qu'à nous incliner, Perrier et moi; une résistance plus grande serait de mauvais goût. Et puis, je dois l'avouer, nous sommes éreintés, moulus!

Pendant que notre commandant se prépare à partir, je retourne à bord du *Corail*, où je me déshabille pour prendre un bain dans l'Ouémé. Un matelot se charge de lessiver mes vêtements que j'endosse dix minutes après, incomplètement secs, bien entendu. Quel soulagement après ce véritable décrassement!

Le lieutenant d'artillerie Menou et son adjoint le garde Rhodes, qui sont arrivés depuis peu de temps pour diriger les travaux de la redoute d'Adégon, m'attendent devant leur case pour m'offrir un déjeuner sommaire et, ce dont j'ai hâte de profiter, un hamac.

Il est environ 8 heures du matin, le commandant Villiers monte à cheval, accompagné par le brigadier Malick, les spahis Mahmadou-Ousmane, Diadié-Kouloubary, le vieil Ahmadi-Dialo et le Nago, qui, depuis Késossa, ne l'a pas quitté d'un pouce. Nous lui souhaitons bon voyage. Le petit détachement disparaît rapidement au détour du sentier, au delà du pont.

Déjà nos spahis, après avoir soigné leurs montures, dorment comme des souches. Je m'affale sur la couchette que m'ont préparée mes camarades et, moins de dix secondes après, je m'endors profondément.

Depuis combien de temps suis-je couché? Je ne saurais le dire. Tout à coup, comme à la suite d'un cauchemar, je suis réveillé en sursaut par le spahi Mahmadou-Ousmane, qui me tire violemment par les jambes et me dit :

— Lève-toi vite, le commandant Villiers est blessé!

Malgré la fatigue, je suis rapidement sur pied. Déjà les officiers du poste ont été prévenus du retour imprévu du spahi ; ils arrivent en même temps que Perrier.

Alors l'ordonnance du commandant nous raconte que leur petit détachement, arrivé non loin du marigot, à environ 5 kilomètres de Poguessa, a été assailli par une bande de Dahoméens qui ont blessé le chef d'escadrons d'un coup de feu à la jambe. Le grand Malick a tué l'un des assaillants, les autres se sont retirés dans le fourré.

Les spahis ont rebroussé chemin ramenant leur

officier blessé ; et, dans la crainte d'une nouvelle surprise, Mahmadou est venu en toute hâte nous prévenir.

Immédiatement, nos spahis reçoivent l'ordre de seller. Ce n'est pas sans peine que nous parvenons à les réveiller et à les rassembler ; mais dès qu'ils ont connaissance du motif de l'alerte, ils sont rapidement prêts.

Déjà, nous nous disposons à monter à cheval pour nous porter à la rencontre du commandant Villiers, lorsque nous voyons apparaître celui-ci à l'entrée de la passerelle. Il est à cheval et sa physionomie presque souriante nous rassure tout de suite ; sa blessure ne doit pas être très grave ; c'est, du reste, ce qu'il s'empresse de nous annoncer :

— Un bon séton à travers le mollet, j'en serai quitte pour 15 jours de repos ; mais sacrebleu, comme cela tombe mal !

En effet, il n'est plus maintenant question pour lui de rejoindre la colonne. Le docteur Aubry, qui est à bord du *Corail,* fait un premier pansement et conseille au blessé de se faire évacuer sur Porto-Novo par la première canonnière qui descendra l'Ouémé.

Le récit de notre chef d'escadrons ne fait que confirmer celui du spahi Mahmadou ; il estime que la bande dahoméenne à laquelle il a eu affaire comprenait une trentaine de guerriers qui cherchaient à rejoindre le gros des contingents de Behanzin. Surpris dans leur marche par le petit détachement de spahis, leur premier mouvement a été de faire feu, et leur second, de fuir, ne sachant sans doute pas qu'ils n'avaient derrière eux que cinq cavaliers. C'est pendant leur retraite que le grand Malick en a démonté un avec sa carabine ; il l'a laissé en travers du sentier, ne songeant pas à s'emparer de ses armes, tout préoccupé qu'il était par la blessure du commandant. Sans être inquiété davantage, le petit détachement a pu rentrer au pas, tandis que Mahmadou venait au galop nous donner l'alarme.

Le blessé est convenablement installé dans la cabine du lieutenant de vaisseau de Fésigny ; nous sommes parfaitement rassurés sur l'avenir, connaissant par expérience la cordiale hospitalité des mathurins de l'Ouémé.

Immédiatement après le déjeuner, le capitaine Kuntz, commandant le poste d'Adégon, envoie trois patrouilles aux environs du fortin, dans le but de reconnaître si celui-ci n'est pas menacé d'une attaque. Il semble craindre que le détachement rencontré par le commandant Villiers ne soit que l'avant-garde d'un groupe plus important disposé à s'emparer de notre base de ravitaillement ?

Le lieutenant Neple, avec une section, est envoyé dans la direction du nord, le long de la rive droite de l'Ouémé.

Mon camarade Perrier doit se rendre avec une dizaine de spahis du côté de G'bédé, c'est-à-dire vers le sud.

Le lieutenant Soulas, avec une section de tirailleurs, a pour mission de reconnaître les environs de Poguessa, c'est-à-dire l'ouest. Avec le lieutenant de vaisseau Colson, le brigadier Lachenal et quatre spahis, je pars en tête de cette dernière reconnaissance. Après avoir traversé Poguessa au galop, nous attendons l'infanterie; puis, avec mes spahis, je me porte rapidement dans la direction de Sabovi.

Le brigadier Lachenal, qui est en pointe d'avant-garde, s'arrête en face d'une hutte qui a dû servir autrefois de petit poste aux guerriers de Behanzin; elle a été occupée pendant la nuit précédente, ainsi que le dénotent les herbes fraîchement coupées qui ont servi de litière. A quelques centaines de mètres au delà, nous trouvons au milieu du sentier un étui-musette contenant six paquets de cartouches modèle 1874, dont un complètement défait, une pipe de traite et un petit verre à pied. Tout alentour les herbes sont fraîchement foulées; d'après les renseignements qui nous ont été donnés par notre chef d'escadrons, c'est bien ici que le combat a eu lieu; mais de cadavre point : les Dahoméens, ne se sentant pas poursuivis, seront sans doute venus relever leur mort ?

Notre infanterie doit être encore à environ trois kilomètres en arrière; mais nous perdrions un temps précieux en l'attendant; mieux vaut pousser d'emblée une reconnaissance jusqu'au delà du marigot en avant de Sabovi. Nous allons arriver à ce bas-fonds lorsque, au détour du sentier, le spahi Semba-Légué, qui marche en tête, me signale la venue de deux casques blancs ; en effet, s'avançant dans notre direction, je vois émerger au-dessus des herbes les deux casques annoncés. Bientôt nous sommes en présence du fourrier Gremillet et du brigadier de La Tour qui sont envoyés par le capitaine de Fitz-James, avec un ordre du colonel dans le but de faire préparer un convoi de ravitaillement.

Notre mission est terminée; nous revenons avec nos deux gradés qui, chemin faisant, nous donnent des nouvelles de la colonne.

« Sans encombre, les escadrons sont rentrés au camp à 4 heures du matin, apportant onze cents bidons d'eau boueuse. Une demi-heure après leur arrivée, une averse bienfaisante a permis aux troupiers de recueillir sur leurs toiles de tentes une ample provision d'eau claire et limpide, de s'en gorger et d'en remplir tous les ustensiles creux et étanches ; il n'en fallait pas davantage pour ragaillardir tous ces braves !

» Pourtant notre marche en avant avait augmenté les difficultés du ravitaillement et les trois journées successives de combats et de privations avaient fatigué nos troupes, elles avaient besoin de repos. C'est pourquoi, dès le 16 au matin, le colonel s'est décidé à se reporter vers Akpa, sur la ligne de ravitaillement et à s'y établir solidement pour permettre l'évacuation des malades et des blessés, ainsi que le réapprovisionnement de la colonne. »

Nous voilà donc complètement rassurés sur le sort de nos camarades. Bientôt nous rejoignons le détachement Soulas, qui fait aussi demi-tour pour rentrer au poste. Le capitaine Kuntz pourra dormir en paix ; les Dahoméens ne songent guère à se jeter sur Adégon !...

Séjour à Adégon. — Nous repartons avec le capitaine Crémieu-Foa et un convoi de vivres. — Alerte de Kosopouka. — Installation d'un nouveau poste.

Notre petit détachement n'a donc qu'à attendre de nouveaux ordres à Adégon ; si les provisions ne nous font pas défaut, par contre notre garde-robe laisse fort à désirer; nous n'avons absolument que les vêtements que nous portons ; force nous est de faire la lessive à la mode « bougnoule » ; en costume primitif nous attendons prosaïquement que notre linge soit sec.

Malgré les fossés qui l'entourent, le poste d'Adégon est enfoui dans la boue; pour s'en tirer, il faut tracer des chemins en étendant sur la terre détrempée des fascines et des herbes; aussi faut-il voir comme on patauge! La petite saison des pluies bat son plein, ce qui augmente encore l'inhabitabilité de ce coin marécageux. La fièvre et la dysenterie ne sauraient tarder à apparaître dans ce milieu humide et puant.

Tantôt à bord des canonnières, tantôt à terre, nous sommes reçus aux tables hospitalières des camarades du poste.

Le 18, les docteurs Carrière et Piedpremier évacuent un convoi de malades et de blessés — environ une soixantaine des premiers et le double des seconds. — le lieutenant Gélas est mort avant d'arriver. Quelle triste cérémonie que celle de l'enterrement de ce pauvre camarade! à 150 mètres du poste, dans un terrain détrempé où les morts du combat du 6 octobre ont trouvé une sépulture. Nous rentrons navrés sous nos cases!

Le même jour, arrive la compagnie Bérard venant de Porto-Novo; je retrouve mon vieux camarade de Dakar, le lieutenant Mouriès et son jeune second, mon compatriote Gay. Ils partent dès le lendemain avec un convoi de vivres pour rejoindre la colonne et veulent bien se charger de faire parvenir à nos camarades de l'escadron deux caisses de provisions et une dame-jeanne de vin que je leur envoie.

Vers 11 heures du soir, je suis réveillé en sursaut par une forte mousqueterie. Déjà Menou et Rhodes sont sur pied, le revolver au poing; nous arrivons rapidement sur la rive de l'Ouémé, d'où s'élèvent des cris plaintifs. Bientôt le lieutenant Colson vient nous renseigner sur les causes de l'alerte: c'est une équipe de porteurs qui, profitant de l'obscurité, a détaché une grande pirogue dans le but de s'échapper. Les sentinelles qui veillent sur le pont des canonnières se sont aperçues du mouvement et ont donné l'alarme. Une vingtaine de coups de Kropatchek ont été tirés pour effrayer les fuyards; ceux-ci, se sentant découverts, ont été pris d'une frayeur intense que les coups de fusil n'ont pas contribué à amoindrir; ils se sont mis à hurler de désespoir, suppliant les marins de ne leur faire aucun mal.

Un quart d'heure après, tout est rentré dans le calme.

Le 21, avant midi, le capitaine Crémieu-Foa vient avec la majeure partie de son escadron chercher un nouveau convoi de vivres et de munitions. Mon collègue Roynard l'accompagne; il ramène un certain nombre de chevaux épuisés, cachectiques et quelques autres très gravement blessés au garrot et sur le dos (1). Roynard a demandé et obtenu du capitaine de Fitz-James l'autorisation d'établir une infirmerie vétérinaire à Adégon. Les chevaux et mulets inutilisables y seront évacués et ceux dont l'état se sera suffisamment amélioré, seront renvoyés à la colonne.

L'idée est excellente, mais l'emplacement du sanitarium pourrait être mieux choisi. Le maréchal des logis et deux ou trois soldats du train encore quelque peu valides serviront de surveillants et d'infirmiers; et mon dévoué Diara-Aïssa, maréchal indigène, contribuera de son mieux à seconder mon collègue.

Dans la matinée du 21, est également arrivée à Adégon, venant de Kotonou et remorquée par l'*Opale*, la 11e compagnie de tirailleurs sénégalais (capitaine Combette, lieutenant Delacourt), qui a reçu l'ordre de rejoindre la colonne. Ce renfort quitte le poste vers 2 heures de l'après-midi.

Le capitaine Trinité-Schillemans, de l'état-major, a été investi du commandement des services de l'arrière; à ce titre, il est venu s'installer au poste d'Adégon, où il a pris la direction des ravitaillements.

Le capitaine Crémieu-Foa nous a prévenus d'avoir à nous tenir prêts pour repartir avec le convoi le lendemain dès la première heure; mais à 4 heures du soir, le capitaine Schillemans lui donne l'ordre de se mettre en route le jour même. Par l'intermédiaire de notre

(1) Ces blessures ont été déterminées par les sacs remplis de cartouches qu'ils ont transportés le 13 et le 14, et par la corvée d'eau de la nuit du 15 au 16.

chef de détachement, nous faisons timidement observer au commandant des services de l'arrière, que ce départ à la nuit tombante ne nous avancera guère pour la marche du lendemain, que nous éprouverons bien des difficultés à faire avancer nos porteurs dans l'obscurité, et surtout à installer notre campement. Nos observations sont repoussées, et à 5 heures du soir, nous quittons Adégon avec le convoi.

Le lieutenant Perrier marche avec l'avant-garde; sa pointe est dirigée par le brigadier Caverne. Le capitaine accompagne le gros des porteurs; je suis à l'arrière-garde avec le maréchal des logis Chollet et une demi-douzaine de spahis.

Au moment de partir, mon fidèle Diara veut absolument me suivre; je suis obligé de me fâcher pour l'obliger à rester; enfin il m'obéit, mais de grosses larmes roulent sur ses joues qui, certainement, depuis fort longtemps n'ont reçu un semblable déluge.

Jusqu'au crépuscule, la marche du convoi s'effectue normalement; nous avons eu la précaution d'emmener quelques porteurs supplémentaires destinés à relever ceux qui seraient trop fatigués et les permutations se font assez facilement; mais nous avons à peine dépassé Poguessa de quelques kilomètres lorsque la nuit arrive. Le ciel est très couvert, sans lune, c'est à peine si par quelques minces éclaircies scintillent faiblement quelques dizaines d'étoiles. Notre corvée commence! La colonne s'allonge. Les porteurs trébuchent dans les ornières ou s'empêtrent dans les racines; quelques-uns roulent avec leur charge dans la boue; les plus affaiblis, découragés, cherchent à abandonner subrepticement leur fardeau. Les difficultés augmentent encore au passage des marigots. Dans la forêt qui précède Sabovi, nos Tofanis réussiraient à s'échapper s'ils n'étaient pas retenus par la frayeur intense que leur inspirent les Dahoméens; les porteurs n'ignorent pas le sort qui leur est réservé, s'ils tombent entre les mains des guerriers de Béhanzin; déjà quelques cadavres décapités qui jalonnent le sentier témoignent de la triste fin auxquels sont exposés ceux qui ne peuvent plus suivre.

Après de nombreuses pauses, nous arrivons au plateau de Sabovi, vers 9 heures du soir. Malgré tous nos efforts, nous n'avons pu faire suivre le convoi à une trentaine de traînards plus ou moins éclopés, mais tous éreintés, que nous poussons à l'arrière-garde.

Le maréchal des logis Chollet vient me prévenir qu'un campement de tirailleurs est installé à trois cents mètres en avant et sur la gauche du sentier. Je ne tarde pas à apercevoir les feux du bivouac sur lesquels je me dirige; et pendant que nos porteurs se reposent, je viens prendre le café avec les officiers de la 11e compagnie de tirailleurs qui finissent à peine de dîner. Comme les camarades du convoi j'ai grignoté en route un biscuit avec un morceau de viande froide; ce café est donc le bienvenu. Je dis au revoir à mes hôtes qui doivent se mettre en route dès l'aube pour rejoindre la colonne au camp d'Akpa; et, péniblement, je décide mes traînards à reprendre leur chargement.

Il est bien près de minuit lorsque nous arrivons enfin sur le petit plateau qui domine Kosoupa. Pas une lumière, pas le moindre feu; c'est à croire que le convoi a continué sa marche vers Akpa. Nous hêlons l'escadron. Un spahi de garde s'avance et nous indique l'emplacement du bivouac. Bientôt arrive le capitaine Crémieu-Foa qui nous recommande d'observer le plus grand silence pour procéder à notre installation.

— Les Dahoméens sont là, de l'autre côté de ce bois, me dit-il, en désignant un rideau de forêt qui se devine plutôt qu'on ne l'aperçoit à environ 150 mètres sur notre gauche.

Et le capitaine retourne aux avant-postes dans la direction indiquée, pendant que je m'occupe de l'installation des porteurs, des spahis qui m'accompagnaient et de leurs chevaux; Perrier vient à mon aide, il me met également au courant de la situation.

Le brigadier Caverne, étant de pointe d'avant-garde, a aperçu des feux de bivouac; il s'est dirigé vers ces lumières en se dissimulant sous les arbres et les broussailles; et, arrivant à vingt pas d'un campement, il a pu constater que les noirs rassemblés autour des feux achevaient leur repas et conversaient dans une langue qui lui était parfaitement inconnue. A n'en pas douter, il se trouvait en présence d'une troupe de Dahoméens? C'est ce dont il est venu rendre compte au capitaine, qui a fait former le convoi en carré et prendre toutes les dispositions de sécurité en vue d'une attaque probable. Comme nous n'avons ni tente ni matériel de couchage, je fais étendre sur le sol ma couverture de cheval, je m'enveloppe dans mon burnous et je m'allonge à côté de Perrier, ma selle me servant d'oreiller.

Les Dahoméens semblent avoir conscience maintenant de la véritable tactique qu'ils auraient dû mettre en pratique dès le début; harceler jour et nuit le gros de la colonne et la couper de sa base de ravitaillement en se jetant audacieusement sur les convois.

C'est du moins la déduction que nous tirons de la situation actuelle. Nous estimons également que, dès la pointe du jour, nous aurons à repousser une attaque. Je sommeille d'un œil, mais je ne m'endors pas; j'ai hâte de voir arriver l'aube et de prendre part au combat qui se prépare.

Perrier ronfle à mes côtés. Nos chevaux hennissent sans relâche. Ils se chamaillent plus que de coutume, tirent sur leurs entraves et cherchent à s'échapper. Ce n'est pourtant pas la soif qui les inquiète, puisqu'ils ont bu à satiété dans les marigots en avant de Sabovi.

Le sommeil finit par me gagner; mais il est écrit que je ne reposerai pas de toute la nuit! Je suis réveillé en sursaut par un grouillement qui se produit sous ma couverture; je crois avoir affaire à un serpent; j'applique vigoureusement mes deux mains à l'endroit où j'ai senti le reptile, je réveille mon camarade et lui demande de soulever progressivement la couverture; un corps me glisse entre les doigts et s'envole en faisant entendre un gros bourdonnement!!! Le supposé serpent s'est échappé sous la forme d'un gros coléoptère; c'est un de ces énormes fossoyeurs qui atteignent le volume d'un œuf de poule coupé par le milieu dans le sens de la longueur...

Enfin, voici les lueurs naissantes de l'aube; rien ne bouge aux environs. Le capitaine Crémieu s'avance avec les hommes du petit poste dans la direction du campement ennemi, et constate que les prétendus Dahoméens sont tout simplement des Tofanis qui reviennent chercher des approvisionnements à Adégon. Leur escorte, comprenant une section d'infanterie et le 2e peloton de spahis, est campée dans le bas-fonds, à 150 mètres de là.

Tout s'explique : l'erreur du brigadier Caverne (1) et les hennissements ininterrompus de nos chevaux qui, malgré la distance, avaient senti ceux du deuxième peloton.

Notre camarade Basset ne tarde pas à venir nous rejoindre; il nous apprend que le colonel a décidé d'établir un poste à Kosoupa et que le capitaine Schillemans, chargé d'en déterminer l'emplacement, a fait jalonner celui que l'escorte occupe actuellement dans le bas-fonds. Toute la cavalerie (à l'exception d'un peloton qui, jusqu'à nouvel ordre, alternera à la colonne) doit venir s'installer au nouveau poste de Kosoupa qui sera créé par les soins du lieutenant Menou et du garde d'artillerie Rhodes et occupé par la 3e compagnie de tirailleurs auxiliaires.

(1) Ce brigadier a été induit en erreur : par l'accoutrement des noirs, par leur langage qui lui était inconnu et surtout par l'emplacement de leur camp, en arrière du rideau de forêt qui borde le plateau où notre colonne et nos convois avaient l'habitude de s'installer. Peut-être légèrement surpris et impressionné, il n'a pas remarqué que cette troupe n'était pas armée, ni les planchettes matriculées que chacun des porteurs conservait en évidence sur la poitrine. Il est vrai que la nuit était fort sombre et les feux du bivouac à demi éteints.

Installation d'un poste fortifié à Kosoupa. — Nouvelles de la colonne. — Différents incidents. — Départ du capitaine Crémieu-Foa.

Bien que le convoi et son escorte n'aient profité que d'un repos très relatif, le capitaine Crémieu-Foa, désirant rejoindre la colonne avant midi, donne l'ordre du départ à 6 heures du matin.

Je reste avec le deuxième peloton sur l'emplacement du futur poste de Kosoupa, tandis que le détachement de tirailleurs continue à escorter jusqu'à Adégon le convoi descendant à vide.

Le camarade Basset a ramené mes quelques bagages et une partie de notre matériel de popote ainsi que notre personnel, mais de provisions, point ! Je ne m'inquiète pas davantage, car je suppose que l'escadron, dont l'arrivée est annoncée, rapportera les deux ou trois caisses de vivres qui doivent nous rester. Nous avons de la viande de conserve et du biscuit; c'est largement suffisant pour le déjeuner.

Vers deux heures de l'après-midi, arrive la compagnie Kuntz, qui doit occuper le poste de Kosoupa, après avoir laissé le fortin d'Adégon à la garde de la 2e compagnie de volontaires sénégalais (capitaine Rocoblave) venant de Dogba.

Le lieutenant d'artillerie Menou et son garde s'installent en même temps qu'un groupe d'ouvriers.

L'escadron de Fitz-James débouche à son tour quelques instants plus tard. J'échange quelques sympathiques poignées de main avec les camarades que j'ai quittés depuis six jours, puis je vais à la recherche de nos caisses de provisions ; n'en trouvant aucune, je me renseigne auprès de l'ami Legrand et j'apprends, avec plus d'ennui que d'étonnement, que le capitaine de Fitz-James a distribué le contenu de nos caisses aux camarades de la colonne, émettant la certitude que j'arriverais avec de nouvelles provisions...

Après avoir ronchonné pendant quelques minutes, en présence du capitaine et de mes camarades qui rient fort de la mésaventure, j'abandonne ma méchante humeur, et je me joins aux rieurs.

C'est Pétrouille, notre ânesse, qui pâtira de leur imprévoyance. Elle est inutilisable pour le bât, par suite du défoncement des chemins ; en outre, quoique sobre, c'est une bouche inutile. J'en propose le sacrifice. On vote, et par trois oui contre deux non, Pétrouille est condamnée à suppléer aux provisions qui font défaut; toutefois, la condamnation n'aura son effet que le lendemain ; nos camarades de l'artillerie et nos sous-officiers, moins démunis, nous fournissent amplement le nécessaire pour le dîner.

Le 22 octobre, dès la première heure, les travaux de débroussaillement commencés la veille sont repris, en même temps qu'un large fossé est creusé sur chacune des quatre faces du camp. Le système de défense sera complété par des pieux et des fascines.

Un courrier — spahi — venant de la colonne et se rendant à Adégon, nous annonce l'arrivée prochaine d'un convoi de blessés. Je profite du départ de ce cavalier pour faire demander à mon collègue Roynard, resté comme je l'ai dit au poste d'Adégon, de nous envoyer quelques-unes de nos caisses par la première occasion et d'en réclamer d'autres dont je lui indique les numéros, à notre brigadier chargé du dépôt à Porto-Novo. Le même courrier emporte une commande de provisions — pommes de terre, graisse et cognac — que j'adresse à la maison Fabre de Porto-Novo.

Pendant quelques heures, les travailleurs sont détournés de leurs occupations de défense, pour construire à la hâte deux grandes cases recouvertes de feuilles de palmier, destinées à abriter provisoirement les malades et les blessés de passage. Nous faisons également préparer une vingtaine de litres de bouillon avec une cuisse de notre ânesse, ainsi qu'une quantité équivalente d'une infusion de thé.

A son arrivée, le convoi de blessés et de malades, qu'accompagne le docteur Barthélemy, trouve une installation à peu près convenable et des réconfortants pour les pauvres évacués dont l'état est des plus pitoyables. Trois Européens atteints d'accès pernicieux, en proie au délire, ont arraché leurs vêtements et les ont jetés le long du sentier; ils sont absolument nus et glacés; leurs mâchoires s'entrechoquent avec un bruit de castagnettes et leurs yeux hagards inspirent une profonde pitié. Etendus tout de suite auprès d'un grand brasier, frictionnés fortement avec du tafia tiède et enveloppés dans des couvertures chaudes, on parvient à rétablir la circulation cutanée chez deux des mourants; le troisième succombe pendant la nuit. Le brave docteur Barthélemy est épuisé. Il a supporté les fatigues et les privations qu'ont eu à endurer tous ceux qui ont participé à la colonne; il a couru les mêmes dangers, et comme tous ses collègues (Valois, Thomas, Piedpremier, Carrière), il a fait preuve, dans l'exercice proprement dit de ses fonctions, d'une énergie, d'un dévouement, d'une abnégation dignes des plus grands éloges.

Lorsque la nuit arrive, malades et blessés ont reçu les soins que nécessitait leur état. Un service de garde est confié aux gradés européens de l'escadron ; tous sont venus spontanément s'offrir pour relayer les infirmiers, qui ont besoin de repos avant de se remettre en route le lendemain. Les brancards ont été remis en état, une nouvelle distribution de bouillon et de thé est faite dès l'aube; après quoi le convoi reprend sa marche sur Adégon.

Bien que je sois loin d'être une sensitive, je n'ai pu retenir une grosse larme en serrant pour la dernière fois la main à un brave sergent d'infanterie de marine, dont j'ai oublié le nom. Blessé mortellement d'une balle qui lui avait perforé l'abdomen et l'intestin, pour venir s'incruster dans la colonne vertébrale, le pauvre sous-officier, quoique souffrant horriblement, avait conservé toute sa connaissance et se rendait parfaitement compte de sa situation. Dès son arrivée, je l'avais fait installer sous une petite case relativement confortable; j'avais rafraîchi son pansement et calmé momentanément ses souffrances en lui injectant une solution de morphine. Le dévoué Lachenal était resté à ses côtés pendant toute la nuit. Avant de le replacer sur son brancard, je revins lui faire une injection de morphine. C'est alors que me remerciant avec effusion, il ajouta : « Vous avez réussi à atténuer mes souffrances, mais je n'en suis pas moins condamné à succomber d'ici quelques jours, peut-être dans quelques heures? J'ai la consolation de mourir en soldat! Une seule pensée m'attriste : je songe à la douleur qu'éprouvera ma pauvre mère, en apprenant la mort de son unique fils! ... »

Déjà mes fonctions supplémentaires d'infirmier m'avaient fait assister aux derniers moments de quelques-uns de nos troupiers malades ou grièvement blessés; depuis et jusqu'à la fin de la campagne, fort souvent, j'ai vu succomber de nombreux soldats que la maladie ou les projectiles avaient terrassés; aucun de ces braves n'a prononcé en ma présence un seul mot de reproche, ni manifesté le moindre sentiment de révolte contre les circonstances qui avaient entraîné sa fin. Quelle que soit l'empreinte de tristesse que laissent ces tableaux souvent renouvelés, il s'en dégage néanmoins un sentiment réconfortant de confiance et d'espoir en l'avenir. Le troupier français a conservé les nobles qualités militaires qui l'ont fait considérer avec raison pendant fort longtemps comme le premier soldat du monde. Comme par le passé, il accomplit et accomplira des prodiges, sous l'impulsion de chefs énergiques et instruits.

Nos camarades de l'escadron, revenant de la colonne, nous ont fait part des événements survenus jusqu'à la date du 20 inclusivement :

« Le colonel Dodds après s'être solidement établi au bivouac d'Akpa, avait résolu d'accorder quelque repos à ses troupes, pendant que le service de ravitaillement renouvellerait les provisions.

» Des puits creusés par les sapeurs pendant la journée du 18, assurèrent un approvisionnement d'eau suffisant.

» Le convoi, escorté par la 12e compagnie de tirailleurs sénégalais, capitaine Bérard, arriva le 19. Nos camarades reçurent les caisses de vivres et le vin que je leur envoyais; mais auparavant, le repos dont jouissait la colonne avait été troublé par une alerte occasionnée bien involontairement par le spahi Makodou-Fall. Celui-ci, chargé de précéder le convoi et d'en annoncer l'approche, n'aperçut pas le camp français établi à environ 500 mètres sur la droite du sentier, et arriva à l'improviste dans les avant-postes ennemis, qui le reçurent à coups de fusil et l'accompagnèrent de même jusqu'au camp.

» L'emplacement du bivouac ayant été reconnu défectueux, tant au point de vue de l'humidité du sol, que parce que nos troupes étaient trop à portée de l'artillerie ennemie, et les approches ayant été salies et infectées par les déjections des porteurs que l'on ne pouvait astreindre à se rendre jusqu'aux feuillées pendant la nuit, tant ils redoutaient d'être surpris par les Dahoméens, le colonel donna l'ordre d'abandonner cet emplacement pour se porter à quelques centaines de mètres en arrière. Le mouvement fut exécuté pendant la matinée du 20; il s'opéra d'abord sans encombre; mais bientôt les Dahoméens croyant, à une retraite, prononcèrent une attaque vigoureuse, soutenue par leur artillerie. Une compagnie de la légion arrêta leur élan, les refoula dans le bivouac que nos soldats venaient de quitter et où ils s'établirent.

» Pendant l'après-midi, un autre groupe de Dahoméens attaqua vivement un convoi dont l'approche venait d'être signalée à la colonne. La compagnie Drude et un peloton de tirailleurs envoyés à sa rencontre dès les premiers coups de feu, parvinrent à le protéger efficacement. La lutte se continua par l'entrée en ligne du 1er groupe et, de part et d'autre, par un violent duel d'artillerie. Le lieutenant Toulouse était mortellement touché au cours du combat. Après un moment d'accalmie, le feu reprenait avec intensité sur toute la ligne et le lieutenant Michel, qui faisait exécuter des salves de mitraille par sa section, tombait le crâne traversé par une balle.

» Nos troupes, reprenant l'offensive, refoulèrent l'ennemi dont la poursuite fut confiée à la deuxième compagnie de la légion et le convoi put enfin gagner le bivouac.

» Indépendamment des lieutenants Toulouse et Michel, notre colonne comptait une dizaine de tués et une trentaine de blessés. »

Ces renseignements furent complétés par le lieutenant Herold, commandant le peloton de tirailleurs, chargé d'escorter le convoi des blessés, et nous eûmes connaissance du petit combat livré pendant la journée du 21, pour repousser une attaque de quelques groupes de Dahoméens qui avaient cherché à entraver les travaux de débroussaillement exécutés par les Tofanis aux alentours du camp. Cet engagement nous coûtait une dizaine de blessés, la plupart légèrement.

Séjour à Kosoupa. — Renforts amenés par le commandant Audéoud. — Le capitaine Crémieu-Foa est blessé. — Les malades.

Immédiatement après le départ du convoi de blessés, les travaux de fortification sont repris avec entrain et le réduit de Kosoupa serait bien abrité si ce n'était sa position au bas du plateau. Déjà ses fossés sont pleins d'eau. Que la pluie continue à tomber et nous ne tarderons pas à être submergés ! L'eau qui s'écoule des pentes s'accumule dans les cuvettes, et peu s'en faut que nous ne soyons au fond de celles-ci. Peut-être a-t-on voulu se rapprocher d'un point d'eau en s'installant ici ; c'est la seule raison plausible. Je ne me permettrais pas cette critique si je n'entendais tous mes camarades la formuler encore avec plus d'énergie.

La mare où nos porteurs vont puiser l'eau sert en même temps d'abreuvoir pour nos chevaux, et, malgré toutes les précautions que l'on a recommandé d'observer, le fond vaseux a été remué et piétiné et l'eau est devenue excessivement boueuse. Celle qui s'est accumulée dans les fossés du réduit fraîchement creusé, est également terreuse; nos filtres s'encrassent trop rapidement pour qu'il nous soit possible d'en tirer parti.

Cette fâcheuse situation nous engage à rechercher d'autres points d'eau, d'autant plus que la dysenterie et la fièvre commencent à faire sérieusement leur apparition parmi nos hommes et surtout parmi les porteurs, qui ont eu à supporter de dures privations et de grandes fatigues. Notre camarade de Tavernost, après avoir résisté énergiquement pendant vingt-quatre heures, vient de s'aliter sous le coup d'un accès de fièvre intense. Le maréchal des-logis Berthon est également très souffrant.

Avec le lieutenant Menou et le garde Rhodes, nous nous mettons en quête d'eau potable. Un sentier venant de Kosoupa traverse le réduit et se continue à l'ouest vers un bois situé à quatre ou cinq cents mètres du camp où il bifurque; sa ramification de gauche conduit à la mare que nous connaissons; l'autre aboutit dans un petit village distant du camp d'environ 800 à 1.000 mètres. Autour de ces maisons abandonnées s'étendent des champs de maïs, de coton et de manioc.

Sur la droite et remontant dans la forêt, un sentier vient aboutir au chemin de Kosoupa à Akpa; en face de cette intersection, c'est-à-dire sur la hauteur et à 500 mètres environ en avant de l'ancien camp de Kosoupa, existe une vaste clairière couverte de hautes herbes et parsemée de quelques arbres peu élevés.

Combien nous serions mieux ici que dans notre bourbier !

Nous redescendons au petit village et, après avoir traversé les champs cultivés qui s'étendent en avant et à gauche, nous arrivons sur la lisière de la forêt. Le sol détrempé nous permet de relever quelques traces fraîches d'antilopes, dont le pied fourchu est plus franchement triangulaire que celui de la chèvre. Du reste, le village est complètement désert depuis plus d'une semaine, les empreintes que nous remarquons ne sauraient provenir d'animaux domestiques; nous suivons cette piste, estimant qu'elle doit se diriger vers un point d'eau. Mais au moment de nous engager sous bois, une succession de craquements se font entendre, provenant de branches que l'on brise. Au même instant nous avons l'explication de cette fausse alerte: c'est encore une troupe de singes qui se sauve en gambadant à travers les branches. Voici maintenant un creux rempli d'une eau très claire et relativement fraîche. A 200 mètres plus loin, au pied d'un énorme fromager, nous découvrons également une belle nappe d'eau qu'il sera facile de capter entre deux grosses racines formant une margelle aussi propre que résistante. C'est ici que, désormais, nos porteurs viendront à la corvée d'eau; les autres mares seront réservées exclusivement aux chevaux.

Nous rentrons au réduit en suivant le sentier qui remonte par la forêt sur la crête et, chemin faisant, nous coupons quelques ananas qui poussent en pleine terre. A mi-côte, nous avons déjà remarqué une première fois, s'étendant vers la droite, un large chemin convenablement débroussaillé et fort bien entretenu; il nous amène à un petit rond-point au centre duquel s'élève un arbre fétiche dont le pied sert d'adossement à une petite case abandonnée récemment par son hôte : sans doute le féticheur en renom de la contrée? Mais voici l'heure du déjeuner. Notre pauvre ânesse, accommodée à toutes les sauces, fait depuis deux jours le fond du menu. C'est une aubaine aussi pour nos porteurs qui se sont régalés avec les bas morceaux, les viscères et même la peau qu'ils font griller sur la braise et mangent toute croustillante ; si le goût de cette préparation est aussi prononcé que l'odeur qu'elle répand, la grillade doit être atroce. Tel n'est pas sans doute l'avis des Tofanis, qui la croquent en se pourléchant !

Un spahi venant d'Adégon s'arrête pour changer de monture à Kosoupa. Il porte un courrier au colonel et nous annonce l'arrivée prochaine du commandant Audéoud, qui amène deux compagnies de renfort.

« Dès le début des opérations sur la rive gauche de l'Ouémé, cet officier supérieur avait reçu le commandement de la région de Grand-Popo. A la tête de la 10e compagnie de tirailleurs sénégalais et de la 2e compagnie de Haoussas, formant un effectif total d'environ 300 fusils, le commandant Audéoud espérait soulever la tribu des Mahis et s'adjoindre quelques centaines de ces guerriers pour faire une diversion sur Abomey. Mais les peuplades exposées aux incursions des hordes de Béhanzin avaient une telle frayeur de leurs représailles en cas d'insuccès de nos troupes, qu'aucune n'osa s'allier ouvertement aux Français pendant toute la durée de la campagne, à l'exception, bien entendu, des quelques milliers de porteurs fournis par le roi Toffa, notre allié très intéressé. Par suite du manque d'une ligne télégraphique entre la colonne et Dogba, les nouvelles officielles envoyées par le commandement supérieur des troupes au lieutenant gouverneur à Porto-Novo ne lui parvenaient pas toujours rapidement.

» Quelques troupiers récemment évacués sur l'ambulance de Porto-Novo, peut-être aussi quelques porteurs ayant réussi à s'échapper, avaient encore exagéré les difficultés que la colonne venait d'avoir à surmonter sur les bords du Koto et surtout faisaient mal augurer des suites de l'expédition.

» Le lieutenant gouverneur, M. Ballot, d'un caractère réfléchi et énergique, sans ajouter beaucoup de crédit aux bruits qui tendaient à prendre corps (1), crut pourtant devoir, par mesure de précaution, rappeler d'urgence le commandant Audéoud et sa petite troupe pour leur faire rejoindre le colonel auquel il envoyait, en outre, un nouveau détachement de porteurs avec un important convoi de vivres et de munitions. »

Telles sont, en substance, les explications que nous donne à ce sujet notre camarade le lieutenant Pernot, qui arrive avec sa division à la nuit tombante au camp de Kosoupa, précédant la colonne du commandant Audéoud. J'engage le chef du petit détachement à s'installer sur l'emplacement de l'ancien bivouac plutôt que de venir camper auprès de nous, il fait très sombre et la pluie qui se met à tomber rendrait le basfonds impraticable.

Le capitaine Crémieu-Foa revient de la colonne avec un peloton qui a été remplacé par celui du lieutenant

(1) Le colonel Dodds ne demandait aucun renfort, estimant qu'il avait suffisamment de monde sous la main pour reprendre l'offensive aussitôt après avoir évacué ses malades et ses blessés, s'être réapprovisionné et avoir laissé quelques jours de repos à ses troupes.

Basset; il nous fait part de sa nomination à l'état-major du colonel et demande à son collègue de Fitz-James l'autorisation de se rendre à son nouveau poste dès le lendemain, ce qui lui est accordé. Puis il nous annonce que dans la matinée des drapeaux blancs ont été plantés par les Dahoméens en avant de leurs lignes et qu'immédiatement après deux parlementaires sont venus de la part de leur chef saluer le colonel Dodds.

Quelques heures plus tard, d'autres envoyés se sont présentés pour annoncer une lettre du roi. Et des Nagos, en grand nombre, agitant des morceaux d'étoffe blanche, sont venus faire leur soumission ou plutôt réclamer la protection de nos troupes. Le colonel les a fait questionner sur la configuration du pays qui le sépare de Kana; il a pu obtenir d'eux quelques renseignements concernant la situation et le moral des restes de l'armée ennemie. « Aussi, lorsque vers 3 heures de l'après-midi, de nouveaux parlementaires apportant une lettre de Béhanzin, sont venus demander à traiter, le commandant de la colonne leur a-t-il répondu avec fermeté qu'il ne consentirait à entamer des pourparlers que lorsque Béhanzin lui aurait abandonné, en témoignage de sincérité, la ligne du Koto, ainsi que les retranchements et les tatas de Kotopa.

» Prévenu sans doute de la prochaine arrivée du groupe Audéoud, le colonel a ajouté qu'il reprendrait les hostilités, si une réponse favorable ne lui était pas parvenue avant le 26. »

Le lundi, 24 octobre, dès 4 heures du matin, nous sommes réveillés par le nouveau capitaine d'état-major qui fait ses préparatifs de départ. Suivant une habitude dont il n'a pu se départir — ce qui est gênant pour les voisins et souvent imprudent en campagne — il donne des ordres à son ordonnance et à Niokor, son homme de confiance, sur le même ton qu'il emploierait pour commander à une brigade; et sans attendre ni l'un ni l'autre, il saute à cheval et se met en route. La nuit est encore tellement obscure qu'il doit se munir d'une lanterne pour reconnaître son chemin. Malgré cette précaution, le capitaine Crémieu-Foa se trompe de sentier et s'engage sur celui qui conduit à Sabovi, c'est-à-dire qu'il tourne complètement le dos à la colonne. Le jour arrive et lui permet de reconnaître son erreur, d'autant mieux qu'il vient de rencontrer le détachement du commandant Audéoud. Revenant alors sur ses pas, le capitaine cherche à regagner le temps perdu en accélérant l'allure de son cheval; et, toujours seul, il reprend la direction d'Akpa. Arrivé au camp des cadavres, deux hommes sortant brusquement d'une case qui borde le sentier lui envoient à bout portant leurs deux coups de fusil. L'une des balles traverse la sacoche de droite brisant la jumelle qu'elle contient et laboure superficiellement la cuisse de l'officier; l'autre manque son but. Sans s'arrêter, le capitaine Crémieu-Foa se retournant sur sa selle, envoie deux ou trois balles de revolver aux assaillants qu'il n'atteint pas et voyant que ceux-ci ont rapidement rechargé leurs armes, il ne juge pas prudent de revenir sur eux et continue sa route, vers le camp, dont il n'est éloigné que de deux kilomètres; il arrive à 6 h. 1/2 du matin. Personne n'a entendu les coups de feu. Le docteur Piedpremier panse le blessé, qui pourra continuer son service à la condition de ne pas monter à cheval avant que sa blessure ne soit cicatrisée.

Deux spahis indigènes envoyés le jour même pour porter le courrier de la colonne au commandant du service de l'arrière, s'arrêtent au camp de Kosoupa à 6 heures du soir, et remettent à notre capitaine une lettre de son collègue Crémieu relatant l'attaque dont il a été l'objet.

Ces deux cavaliers traversant le même camp des cadavres ont aperçu un indigène qui cherchait à fuir ; ils l'ont tué net d'un coup de carabine et s'étant approchés de leur victime, ils ont constaté que c'était une pauvre vieille qui était sans doute revenue à la recherche de quelque objet oublié. Pour les punir de cette fâcheuse méprise, le capitaine de Fitz-James leur a infligé un blâme sévère par devant leurs camarades.

Nous sommes au camp de Kotopa depuis quatre jours déjà et le colonel ne paraît pas disposé à nous rappeler pour prendre part aux opérations qui doivent le rendre maître de la ligne de Koto. Il n'a conservé, comme je l'ai dit précédemment, qu'un fort peloton de spahis destiné au service des reconnaissances et à celui de la correspondance. Jusqu'à nouvel ordre, le complément des escadrons dont le centre est ici, a exclusivement pour mission d'escorter les convois et de fournir les courriers entre Adégon et la colonne. Ce service facilite nos relations avec le petit détachement que nous avons vu sur le fleuve et nous permet de nous réapprovisionner assez largement. Mais chacun de nous désirerait ardemment quitter le réduit où l'ennui commence à nous gagner et venir rejoindre le gros de la colonne qui va reprendre l'offensive. Nos hommes eux-mêmes sont fatigués de cette demi-inaction dans ce réduit humide et boueux où la fièvre et la dysenterie menacent de prendre une certaine extension.

Indépendamment de la compagnie de volontaires sénégalais, de la cavalerie et du détachement d'ouvriers d'artillerie, le réduit est généralement occupé par un groupe plus ou moins important de porteurs destiné à assurer le service des convois. Ces Tofanis commencent à être épuisés par le service pénible auquel ils ont été astreints; la dysenterie les décime. En l'absence d'un médecin, je les soigne de mon mieux, tout en profitant des occasions qui se présentent pour évacuer les malades. La visite journalière donne lieu à des scènes tragi-comiques. Pendant les premiers jours, le nombre des carottiers a dépassé celui des malades; mais généralement ceux-ci ne reviennent pas deux fois à la charge et voici pourquoi : tous mes clients douteux sont alignés à l'écart sous la surveillance d'un ou deux spahis; ceux que l'interprète m'a désignés comme se plaignant de la dysenterie sont tenus d'en présenter la preuve sur un morceau de calebasse; quelques fins matois essayent d'obtenir des vrais malades un partage trompeur; mes surveillants les pincent presque toujours et les carottiers reçoivent en ma présence leur dose d'ipéca.

Les vrais malades sont, du reste, facilement reconnaissables à leur face, indépendamment des autres symptômes pathognomoniques ; la face du nègre atteint de fièvre intense et surtout de dysenterie tend à prendre une teinte verdâtre manifeste. Les malades qui sont désignés pour être évacués reçoivent un billet daté, mentionnant leur matricule, le motif de l'évacuation, ainsi que le nom du poste et celui de l'évacuateur. Ici surtout les forts cherchent à intimider les faibles ; il est nécessaire de redoubler de surveillance pour empêcher les vols de billets au détriment des malades, et non moins indispensable d'avoir recours aux moyens de correction pour punir les coupables.

S'il est relativement facile de traiter les hommes malades et à la rigueur de les évacuer, tel n'est plus le cas pour nos montures. Epuisés par les longues courses à travers des sentiers défoncés par les pluies, manquant d'une alimentation substantielle et surtout ayant eu à souffrir de la soif, déjà plusieurs de nos chevaux ont succombé sans qu'il nous ait été possible d'enrayer le mal, faute de moyens. Il ne faut pas songer à leur faire apporter le foin dont ils auraient grand besoin ; et le peu d'orge qu'ils reçoivent ayant été mouillée à différentes reprises, s'est échauffée dans les sacs, où elle a germé tout en se couvrant de moisissures. Le plus clair de leur alimentation est de l'herbe grossière, dure, ou encore des feuilles et des branchages, parfois aussi des pieds de maïs encore tendres à cette époque mais peu nutritifs. Les toniques : gentiane et quinquina, renfermés dans nos cantines, sont réservés aux hommes ; du reste, notre approvisionnement serait épuisé en deux ou trois jours et ne produirait qu'un résultat éphémère.

Un suicide. — Reprise des hostilités. — Combats des 26 et 27 octobre.

Pendant la nuit du 26 au 27, la petite garnison de Kosoupa est réveillée par une détonation d'arme à feu. C'est un ouvrier d'artillerie, ordonnance du lieutenant Menou, qui, sous le coup d'un accès pernicieux, a perdu la tête et s'est suicidé d'un coup de mousqueton. (Cet exemple, sans précédent à la colonne, est le seul que l'on ait eu à signaler pendant toute la durée de la campagne.)

Par l'intermédiaire de notre camarade, commandant le peloton de cavalerie détaché à la colonne, nous recevons chaque jour des nouvelles de celle-ci.

C'est ainsi que nous sommes informés de la nouvelle répartition des groupes de combat, consécutive à l'adjonction des renforts amenés par le commandant Audéoud.

Le colonel Dodds a mis à la tête de chacun des quatre groupes :

Le commandant Riou, de l'infanterie de marine;

Le capitaine Drude, de la légion;

Le capitaine Poivre, de la légion;

Le chef de bataillon Audéoud, de l'infanterie de marine.

Les trois premiers groupes sont renforcés chacun d'une section d'artillerie.

Le même courrier nous a fait connaître la réponse de

Béhanzin; il se refuse à accepter les conditions qui lui ont été imposées par le colonel.

Celui-ci a fait immédiatement communiquer à ses troupes l'ordre suivant :

Demain, la colonne expéditionnaire se portera en avant pour refouler les dernières bandes dahoméennes, déjà profondément ébranlées par les échecs nombreux et les pertes énormes que nous leur avons infligés précédemment et surtout pendant les journées des 20 et 21 octobre. La ligne de la rivière de Koto, occupée par l'ennemi, constitue le dernier des remparts élevés sur notre route par Béhanzin pour défendre sa capitale. Ce roi, sentant sa ruine prochaine, essaie vainement de retarder notre marche par des pourparlers qui prouvent seulement qu'il a acquis le sentiment de sa faiblesse et celui de notre force.

Ces manœuvres astucieuses ne sauraient retarder notre marche victorieuse, pas plus que n'ont pu le faire les efforts de ses guerriers.

Le colonel sait qu'il peut compter sur le courage et la ténacité de tous pour porter le dernier coup à la puissance dahoméenne, et, par une vigoureuse marche en avant, terminer rapidement cette campagne du Dahomey, si brillamment commencée.

Bivouac d'Akpa, 25 octobre 1892.

Signé : Dodds.

Le 26, dès 6 heures du matin, nous gravissons le sentier qui conduit au petit plateau de Kosoupa; et vers 7 heures, le bruit éloigné de la canonnade nous indique la reprise effective des hostilités.

Nous sommes là cinq ou six officiers, tous anxieux de connaître l'issue du combat auquel nous regrettons vivement de ne pas assister; mais le plus impatient d'entre nous est le capitaine de Fitz-James qui, énervé par ces trois ou quatre jours d'inaction forcée, tire violemment sur sa barbiche en bougonnant contre le rôle passif auquel nous sommes astreints.

Les salves d'artillerie s'éloignent et bientôt semblent cesser. Ce n'est qu'à de rares intervalles que nous percevons un vague bruit de mousqueterie qui finit par s'éteindre tout à fait.

Nous redescendons au réduit, et la journée s'écoule avec une lenteur agaçante.

L'état de notre camarade de Tavernost s'est sensiblement amélioré. Les autres malades de l'escadron, à l'exception du maréchal des logis Berthon, ne présentent aucun caractère inquiétant.

Pendant le dîner, le capitaine de Fitz-James nous dit qu'il a la ferme intention de partir le lendemain à la première heure, pour rejoindre la colonne et se tenir au courant des événements. Perrier est autorisé à l'accompagner, et le commandement des pelotons qui restent à Kosoupa sera laissé au lieutenant de Tavernost. Mes multiples fonctions ne me permettent pas de m'absenter. Du reste, notre popote va être momentanément réduite à sa plus simple expression :

Le commandant Villiers a été évacué sur Porto-Novo. Le capitaine Crémieu-Foa fait maintenant partie de l'état-major.

Le lieutenant Legrand est encore à Adégon où il a escorté un convoi.

Le lieutenant Basset, avec son peloton, est de service à la colonne.

Mon collègue Roynard installe un sanitarium pour chevaux à Adégon.

Le capitaine de Fitz-James et Perrier s'absentant demain, je resterai donc seul pour tenir compagnie au camarade de Tavernost.

Il est vrai que le commandement du réduit est confié au capitaine Kuntz, qui a sous ses ordres les lieutenants Nèple et Soulas. J'ai dit aussi précédemment que le lieutenant Menou et le garde Rhodes continuaient à diriger les travaux de fortification de la redoute.

Pendant la matinée du 27, je fais installer notre case à l'extérieur du réduit, sur un terrain relativement sec. Indépendamment de l'humidité que je cherche à fuir, j'ai une autre raison pour m'éloigner. Il paraît que le commandant du poste a donné l'ordre de n'allumer aucun feu dans l'intérieur des retranchements! Non prévenu, notre cuisinier prépare la soupe, à l'endroit habituel, lorsqu'un sergent d'infanterie vient, par ordre, culbuter notre maigre marmite !!!!... N'ayant été informé qu'après coup, et de la décision et de son application, je trouve le procédé un peu roide; et, en attendant le retour de notre capitaine, nous convenons, mon camarade et moi, de faire transporter notre cuisine hors du camp et d'y faire élever également une case de popote. Les bras ne font pas défaut; en quelques heures tout est convenablement installé.

Entre 9 et 10 heures du matin, un spahi venant du réduit d'Akpa, apporte une lettre au capitaine de Fitz-James de la part de son collègue Crémieu-Foa. Le lieutenant de Tavernost en prend connaissance et me la communique.

Elle est écrite au crayon, datée du 27 au matin, et

comme en-tête, je lis: « Réduit d'Akpa, du haut d'un arbre où je suis en observation ».

L'auteur mentionne qu'au moment de reprendre les hostilités, le colonel lui a confié la mission de garder le réduit où sont restés les malades, le convoi d'approvisionnement et les bagages. Sa petite garnison comprenant une section d'artillerie, un peloton de tirailleurs sénégalais, ainsi qu'environ 70 éclopés ou malingres laissés par les autres corps, a vigoureusement refoulé les Dahoméens qui, immédiatement après le départ de la colonne, avaient fait diversion sur le réduit.

Il ajoute que les bruits du combat livré par le gros des troupes ont cessé vers 9 heures du matin pour reprendre très faiblement à 3 heures de l'après-midi et s'éteindre bientôt après. « A différentes reprises, dit-il en terminant, je me suis installé ce matin dans mon mirador — l'arbre précité — et, comme sœur Anne, je ne vois rien venir! »

Vaguement, vers 2 heures, nous croyons entendre un grondement lointain qui ressemble à la voix du canon, mais c'est peut-être aussi le fait de la foudre?

Le jour est à son déclin, lorsque rentrent au camp le capitaine de Fitz-James, Perrier et leur petite escorte composée d'une douzaine de spahis.

« — Tout va bien là-bas, nous sommes maîtres de la ligne du Koto, répond le capitaine aux nombreuses interrogations que chacun lui adresse; accordez-nous cinq minutes pour changer de vêtements et faire notre toilette; préparez les apéritifs; nous sommes à vous. . . . .

» Et maintenant, voici les nouvelles:

» Hier, dès 6 heures du matin, la colonne a pris ses dispositions pour enlever les tranchées de notre ancien campement dans lequel s'était fortement établi un groupe important de Dahoméens. Mais, avant de faire commencer le feu, le commandant supérieur a intimé l'ordre à l'ennemi d'avoir à évacuer ses positions. Cette sommation n'ayant pas abouti, l'artillerie entame immédiatement le combat. Les pièces de Kotopa ripostent assez vigoureusement. Notre infanterie exécute quelques feux de salve; puis, tout un groupe s'élance baïonnette au canon sur les retranchements, et les Dahoméens se retirent en désordre.

» Pendant ce combat, la petite garnison du réduit, laissée au commandement du capitaine Crémieu-Foa, a vigoureusement repoussé l'attaque d'un autre groupe d'ennemis.

» La colonne, adoptant la formation en carré, oblique vers l'ouest pour tourner les retranchements que Béhanzin a fait élever en avant de Kotopa.

» Les Dahoméens, soutenus par leur artillerie, cherchent à arrêter la première face; ils y parviennent momentanément; mais bientôt ces autres groupes refoulent les assaillants, une succession de tranchées sont enlevées; puis la colonne s'empare de Kotopo-fétiche où elle s'installe pour la grande halte. Son repos est encore troublé par quelques escarmouches entre avant-postes.

» Les blessés sont immédiatement évacués sur le réduit d'Akpa; parmi eux se trouve le capitaine Demartinécourt, de la légion. Les morts sont ensevelis sur place.

» Laissant ainsi passer la forte chaleur, le colonel fait reprendre à ses troupes la formation qu'elles avaient pendant la matinée et les dirige vers le Koto, à l'ouest et en avant du point où les Dahoméens ont élevé des travaux de défense. La marche est excessivement pénible à travers les hautes herbes et les broussailles épineuses entremêlées de lianes. Après avoir surmonté vaillamment toutes ces difficultés, les groupes Audéoud et Poivre sont arrivés au ruisseau; ils reçoivent l'ordre de le franchir et de s'établir solidement de l'autre côté. Le soleil vient de disparaître, le peu de durée du crépuscule ne permettant pas au reste de la colonne de terminer ce mouvement avant la nuit, les groupes de la rive gauche construisent un redan, tandis que le capitaine Roques fait rapidement établir une passerelle par ses sapeurs. Jusqu'à dix ou onze heures, les troupes de la rive droite travaillent au débroussaillement et à la défense de leurs positions.

» Dès l'aube, les reconnaissances envoyées par le commandant Audéoud signalent un large chemin convenablement défriché qui se dirige vers le sud-ouest; mais elle constatent aussi qu'un nouveau cours d'eau barre la route. Renseignements pris, on se rend compte que notre colonne est à cheval sur le Han, affluent du Koto et que celui-ci coule à quelques centaines de mètres en avant du camp Audéoud. Au moment où le colonel va prendre ses dispositions pour franchir ce nouvel obstacle, survient un émissaire de Béhanzin, qui vient renouveler de la part du roi les propositions de paix, Béhanzin s'engage formellement à retirer ses troupes de Kotopa, à abandonner le Koto et à venir s'installer en arrière au village d'Aulamé où il attendra le colonel pour traiter.

» Le commandant supérieur a pu se rendre compte déjà si souvent de la fourberie de son adversaire, qu'il se méfie d'une embuscade ; néanmoins il envoie son acquiescement, tout en se préparant à déjouer au besoin les projets perfides de Béhanzin.

» Nous arrivons sur ces entrefaites, ajoute le capi-

Amazone en embuscade.

taine de Fitz-James, au moment où la colonne revenant sur ses pas se porte sur Kotopa. Ce gros village est abandonné ainsi que les tatas et le campement qui les environne. Un repos est accordé aux troupes pour déjeuner. Vers 1 heure, quelques éclaireurs sont envoyés en éventail dans la direction du Koto, puis le groupe Audéoud tout entier descend précédé par deux ou trois patrouilles. Arrivés à une centaine de pas du bois qui borde le Koto, éclaireurs et patrouilles sont reçus par de violentes décharges à droite et à gauche du sentier, et forcés de se rabattre vivement sur leur groupe. Celui-ci s'arrête pour permettre à l'artillerie de préparer l'attaque en couvrant de ses projectiles les deux rives du Koto. La fumée qui s'élève au-dessus des broussailles permet de régler sûrement le tir. Puis le groupe se porte résolument en avant, franchit le Koto en même temps que la section Jacquin, dont les pièces, rapidement braquées, envoient encore quelques projectiles sur les Dahoméens en déroute. Le reste de la colonne traverse le ruisseau. A 3 heures, le campement est installé à sept ou huit cents mètres au delà du cours d'eau, sur la gauche du chemin qui conduit à Awlamé, dont on aperçoit les premières maisons. »

Une bonne nouvelle. — Evacuation des blessés. — En route sur Awlamé. — Le blessé. — Halte à Kotopa. — Installation au camp d'Awlamé.

En allant rejoindre la colonne, le capitaine de Fitz-James avait un autre but que celui de rompre la monotomie de son séjour à Kosoupa; il désirait surtout obtenir du colonel l'autorisation de venir avec son escadron participer aux dernières phases de la lutte. Déjà, près d'une dizaine de chevaux avaient péri d'épuisement ou avaient été abattus, à la dernière extrémité. Onze avaient été tués ou grièvement blessés dans les différentes affaires; la plupart de ceux-ci avaient servi à l'alimentation des troupes. Une quinzaine environ restaient en traitement à l'infirmerie d'Adégon; il y avait lieu de les considérer comme perdus, tout au moins pour le reste de la campagne.

Le nombre des cavaliers disparus en raison des quelques pertes occasionnées par le feu, des morts et des évacuations était, à quelques unités près, analogue à celui des montures tuées, blessées, mortes ou indisponibles.

La sélection par la maladie était à peu près terminée pour les spahis; mais le nombre des chevaux indisponibles devait s'accroître rapidement en raison de leur débilitation déjà considérable et des privations qui allaient encore leur être imposées, faute d'une nourriture saine et reconstituante.

Cela ne faisait de doute pour personne, et le capitaine de Fitz-James, plus encore que ses sous-ordres, avait hâte de rencontrer une occasion et un terrain convenables qui permissent à la cavalerie de pousser une vraie charge.

C'est pourquoi sa joie débordait dans son regard comme dans ses gestes, lorsqu'il nous dit :

— La colonne va s'installer pour quelques jours au camp d'Awlamé, de façon à évacuer ses blessés et à pourvoir à son ravitaillement. Le colonel m'a promis de nous y appeler à bref délai.

Sur ces bonnes paroles, chacun se retira dans sa tente avec l'espoir de quitter bientôt le poste de Kosoupa.

Le lendemain, vendredi 28 octobre, tout est préparé pour recevoir les malades et les blessés que la colonne évacue sur Adégon. Ce convoi doit s'arrêter à Kosoupa pour y passer la nuit et repartir ensuite escorté par un peloton de spahis.

Le lieutenant Legrand est rentré; le tour de service incombe au lieutenant Perrier.

Pour combler une omission, je dois dire ici que, dès le début des opérations, le service qui devait incomber à la cavalerie avait été réparti de telle sorte, qu'à tour de rôle, chacun des pelotons était chargé d'assurer le service d'exploration et de découverte; de même, une règle analogue avait été établie pour tout ce qui concernait les corvées: escortes, convois, etc.

Le convoi d'évacuation n'ayant quitté le réduit d'Akpa qu'après-midi, il est près de 5 heures lorsque blessés et malades sont convenablement installés sous les cases provisoires. Parmi les malades se trouve le lieutenant d'artillerie Valabrègue, dont l'état d'épuisement ne laisse aucun espoir. Son collègue Menou lui prodigue des soins empressés, d'après les indications du docteur auquel nous aidons à renouveler quelques pansements. Comme précédemment, nos gradés remplacent les infirmiers fatigués et font une ample distribution de thé, de bouillon, d'eau alcoolisée, aux malades et aux blessés. Nous renouvelons la même tournée à 9 heures pour la recommencer encore le lendemain matin avant le départ du convoi.

Par suite d'une heureuse coïncidence, un convoi d'approvisionnement dirigé la veille sur la colonne, comprenait un petit lot de bœufs maigres et fatigués. Nous avons obtenu de prélever l'un de ces animaux pour le poste, ce qui a permis de faire une distribution de vrai bouillon de bœuf aux pauvres passagers.

Le nombre des brancards s'augmente d'une dizaine de cadres confectionnés pour évacuer nos malades de Kosoupa, parmi lesquels le maréchal des logis Berthon, dont l'état est désespéré.

Le convoi se met en route et s'éloigne lentement, formant une serpentine sombre, précédée et suivie de son escorte dont les vareuses rouges relèvent la note triste de cette colonne déjà en demi-deuil.

Pendant la journée du 28, chacun fait ses préparatifs de départ; et lorsque cet ordre nous parvient dans la soirée, tout est en état pour le lendemain. Un dîner d'adieux nous réunit aux autres camarades du poste, à l'exception de son commandant qui vient de s'aliter sous le coup de la fièvre et nous fêtons l'heure du départ et celle du rétablissement de l'ami de Tavernost.

Le dimanche matin, à 7 heures, l'escadron se met en route avec un convoi d'environ 100 porteurs, chargés d'un approvisionnement de vivres pour les hommes et les chevaux. La plupart des charges ont été convenablement réparties, mais il nous a été impossible, faute de récipients, de dédoubler une dizaine de sacs d'orge du poids de 50 à 60 kilogs. Les malheureux Tofanis sont rapidement écrasés sous ces fardeaux trop lourds de moitié, et, bien que ces porteurs aient été choisis parmi les plus vigoureux et qu'ils soient doublés chacun d'un relayeur à vide, les uns et les autres sont exténués lorsque nous pataugeons dans le bourbier de la forêt où, précédemment, notre convoi de voitures était resté en détresse pendant la soirée du 11. J'assure le service de l'arrière-garde avec une demi-douzaine de spahis, pour aider et au besoin obliger les porteurs à franchir le mauvais pas.

Avec des perches et des lianes, nous construisons des brancards très rustiques sur lesquels nous faisons assujettir les gros sacs qui sont ensuite enlevés simultanément par deux Tofanis. Quelques chutes se produisent encore, les sacs roulent dans la boue et s'alourdissent de plus en plus.

Enfin, après des fatigues inouïes, la queue du convoi a franchi le mauvais pas. Une heure plus tard nous traversons le marigot où nos spahis sont venus puiser de l'eau boueuse pendant la nuit du 15 au 16. Actuellement, ce marigot ressemble à un petit torrent. Non seulement c'est le fait des orages qui sont survenus depuis notre dernier passage, mais il est à supposer que, primitivement, les Dahoméens avaient établi un barrage pour en dériver le cours et nous priver d'eau. Cet obstacle a probablement été démoli quelques jours plus tard par la force du courant.

Au delà d'une petite forêt qui borde ce ruisseau (dont les creux portent le nom de puits des spahis) le capitaine fait arrêter le convoi pour permettre aux porteurs de se reposer pendant une demi-heure. Un camarade me remplace à l'arrière-garde lorsque notre troupe reprend sa marche à travers les anciens campements. Le grand camp dahoméen d'Akpa, où tant de cadavres avaient été abandonnés par l'ennemi lors du combat du 13, ne dégage plus aucune mauvaise odeur : hyènes, vautours et fourmis ont totalement achevé leurs travaux d'assainissement; les fragments dispersés des squelettes ressemblent à des branches mortes tombées dans la brousse. Bientôt ce camp est transformé en un vaste brasier par les cavaliers de l'arrière-garde.

Laissant le village d'Akpa sur notre droite, nous arrivons à Kotopa fétiche, sorte de grand hameau placé à environ 1.500 mètres en avant de Kotopa. A partir du dernier marigot que nous avons traversé, le terrain va en s'élevant progressivement et la brousse borde à peu près partout le sentier. Ici, le paysage change complètement d'aspect. Sous d'énormes ficus et de superbes banians, s'abritent quelques citronniers et de beaux orangers couverts de fleurs et de fruits à tous les stades de leur croissance et jusqu'à complète maturité. Des cases relativement confortables disparaissent à demi au milieu de cette vigoureuse et belle végétation; la plupart sont entourées de jardins où s'étendent des carrés de maïs et de haricots, environnés de petites haies bordées de manioc. Nous respirons à pleins poumons dans cette atmosphère légèrement agitée par une faible brise qu'embaument les exhalaisons des arbres fruitiers. Cela nous repose des émanations infectes et malsaines du camp des cadavres et des réduits d'Adégon-boue et de Kosoupafange!

Bien que nous soyons à une faible distance de Kotopa ,où nous devons nous arrêter pour faire la grande halte et déjeuner, le site dans lequel nous venons de pénétrer invite au repos. Notre capitaine consent à y faire une petite pause qui se prolonge en une halte de trente minutes.

Nos hommes en profitent pour cueillir des oranges

dont ils nous apportent les primeurs. Ces fruits, quoique moins dorés et moins sucrés que ceux de l'Algérie et du midi de l'Europe, ont une excellente saveur dont la pointe d'acidité est mieux appropriée aux besoins du climat. En outre, comme je l'ai dit précédemment, les orangers portent en toutes saisons des fleurs et des fruits dont la récolte est presque ininterrompue, tandis que le littoral méditerranéen ne voit mûrir ses oranges qu'au moment où les premiers froids commencent déjà à se faire sentir, c'est-à-dire quand leur action rafraîchissante ne peut plus guère être appréciée.

Malgré la défense du capitaine, quelques cavaliers se sont mis à fureter dans les cases avec l'espoir d'en tirer quelque butin. Tout est parfaitement déménagé, et leurs perquisitions n'aboutissent qu'à leur faire découvrir un guerrier dahoméen en piteux état. Le pauvre diable est à bout de forces. Je lui verse quelques gorgées d'un mélange de tafia et d'eau qui le font revivre ; ses yeux ternes, à demi-clos, s'ouvrent tout grands pour me remercier. Notre interprète le questionne et obtient les renseignements suivants : blessé d'une balle qui lui a perforé le genou d'avant en arrière pendant le premier engagement du combat du 26, il a été transporté dans une maison du village où ses camarades ont oublié de venir le prendre avant de battre en retraite ; depuis lors, il n'a ni bu ni mangé. Les souffrances occasionnées par sa blessure doivent être atroces bien qu'il ne s'en plaigne nullement.

Après ces quelques explications, sa physionomie a repris une impassibilité parfaite. Il se laisse placer à califourchon sur un petit cheval sénégalais et il se cramponne au karbous sans mot dire; pourtant ce mode de transport doit lui paraître aussi singulier que pénible.

Vingt minutes après, nous arrivons sur la grande place de Kotopa, à l'endroit fixé pour la grand'halte.

Limitée au nord par l'une des grandes faces du tata principal, elle est bordée au sud par quelques groupes de maisons, en avant desquelles s'étendent les cases d'un campement qui empiète sur les deux petits côtés. Le chemin de Kana la traverse dans le sens de sa longueur, laissant sur la droite et à peu près au centre une grande case largement ouverte sur chacune de ses quatres faces, dans laquelle on accède en gravissant quelques marches. Cette espèce de kiosque servait sans doute de lieu de réunion aux féticheurs et aux notables de la localité, lors des discussions importantes des palabres. Il nous offre un abri très convenable et c'est là que nous nous installons pour déjeuner.

Les oranges nous ont mis en appétit; du reste, il est près de 1 heure lorsque nous entamons la fricassée de corned-beef aux pommes de terre, et quoique les rations soient copieuses, bientôt on aperçoit complètement le fond du plat.

Le camarade Basset, prévenu de notre arrivée, est venu à notre rencontre; nous ne sommes guère qu'à 1.800 mètres de la colonne.

Le convoi se remet en marche à 2 heures et nous descendons vers le Koto, qui coule au fond de la vallée sous un massif de verdure.

A droite et à gauche du sentier, nous remarquons

quelques doubles lignes de tranchées. Des travaux de défense plus importants avaient été effectués immédiatement en avant du ruisseau.

Nous traversons ce cours d'eau sur la passerelle que le génie vient d'établir; et après avoir longé la forêt sur une distance de six à huit cents mètres, nous arrivons au camp d'Awlamé où la colonne s'est retranchée depuis l'avant-veille.

La quatrième face du carré occupée en grande partie par la compagnie Sauvage, se porte en avant de quelques mètres pour permettre à la cavalerie de s'installer. La plupart de nos chevaux sont mis à la corde en dehors du camp, sous la garde de quelques cavaliers.

Grâce à la proximité de la forêt, nos cases sont rapidement construites. Les corvées rapportent de l'eau et du bois à discrétion.

L'heure de l'apéritif nous amène de nombreux convives, dont la conversation roule d'abord sur ceux de nos camarades qui manquent à l'appel depuis les derniers combats. Tout à l'heure un courrier venant d'Adégon a fait connaître la mort du lieutenant Valabrègue; Gay vient également nous faire part de celle de son capitaine (Bérard). Mais bientôt la conversation prend une tournure plus gaie; et, comme d'habitude, notre coin se fait remarquer par son animation quelque peu bruyante. Chacun en a pris l'habitude, même l'état-major qui se dispense maintenant de nous faire des observations pourtant bien méritées.

Occupations. — Réflexions.

Plutôt par acquit de conscience que par conviction, je profite de l'inaction temporaire de l'escadron pour essayer de retremper nos chevaux. Il faut tout d'abord chercher à améliorer leur nourriture dans la limite de nos faibles ressources. L'orge qui s'est échauffée dans les sacs après avoir été mouillée et même envasée à différentes reprises pendant le trajet, est étalée au grand air sur des couvertures, des toiles, des tentes. Les porteurs affectés à l'escadron sont réquisitionnés pour faire une importante moisson de jeunes tiges de maïs dans les champs voisins d'Awlamé. Du maïs en grains, provenant des greniers du village, est concassé, puis mélangé à la ration d'orge que l'on saupoudre avec du sel de cuisine, dont nous avons une bonne provision. Mais ces précautions ne sont qu'un palliatif; ces mesures ne sauraient suffire! Nos chevaux, je le crains, ont donné tout ce qu'ils possédaient; ils ne récupéreront pas leur vigueur disparue. A partir du jour où nous avons quitté les bords de l'Ouémé, nos montures n'ont plus reçu de foin; elles n'ont touché qu'une trop faible ration d'orge mal conservée, humide, souvent moisie ou germée; et, comme complément, quelques brassées de rameaux et quelques poignées d'une herbe dure, ligneuse, aussi peu nutritive que difficile à digérer; cette graminée est désignée vulgairement sous le nom d'herbe de Guinée. Et si les hommes ont eu à endurer la soif, on se rend compte du supplice auquel ont été exposés nos chevaux, qui, eux, n'avaient pas la ressource de se désaltérer avec l'eau de pluie recueillie sur les toiles de tentes. Il est vrai que jusqu'à présent le détachement de cavalerie, faute d'un terrain propice, n'a pu remplir que très faiblement le beau rôle qui lui incombe généralement en campagne; mais s'il ne s'est pas épuisé en poussant des charges, il s'est fatigué dans les corvées commandées et volontaires qu'il a effectuées par des chemins impossibles, sous un soleil torride ou quelquefois sous une pluie diluvienne. C'est ainsi que des pelotons entiers ont marché pendant quinze, vingt et même vingt-quatre heures durant, soit pour rapporter des munitions, soit pour escorter des convois, soit pour recueillir de l'eau et en approvisionner la colonne, etc.

Pour la première fois depuis notre départ de Porto-Novo, je suis momentanément arrêté par un accès de fièvre; il est assez violent, mais de courte durée, une dose d'ipéca, puis une forte ration de thé alcoolisé en ont facilement raison. Cet avertissement me fait doubler la pilule de quinine que j'absorbe chaque jour à titre préventif; de 15, je la porte à 30 centigrammes.

Le 30 octobre, je me lève très dispos.

Nous manquons de viande fraîche depuis un certain temps. Le lard et le corned-beaf commençent à nous fatiguer l'intestin; c'est une nourriture trop échauffante, sous cette latitude, pour des troupes fatiguées. J'obtiens de notre capitaine l'autorisation d'emmener quelques spahis à la recherche de provisions de bouche, Trois vigoureux et dévoués cavaliers m'accompagnent. Après avoir traversé le Koto, en revenant sur Kotopa, j'oblique fortement sur la droite et j'arrive à proximité d'un village, situé en avant d'une forêt. Deux spahis le traversent au galop sans remarquer rien d'anormal. Les maisons ont été évacuées par leurs habitants; ceux-ci ont emporté tous leurs objets de valeur et les provisions, à l'exception du maïs et des ignames qui abondent dans les greniers. Ils ont emmené leurs troupeaux ainsi que les volailles.

Moins heureux qu'à Tohoué, nous visitons rapidement dix ou douze cases sans résultat. Pendant ce temps, nos chevaux sont tenus en main par deux cavaliers qui font bonne garde et surveillent la lisière de la forêt voisine. Enfin, nous découvrons trois poulets étiques renfermés sous un panier d'osier, puis quatre petits chevreaux qui décèlent leur présence par de faibles bêlements. C'est doublement maigre comme butin; il faut pourtant rentrer au camp sans avoir pu trouver mieux.

En traversant Kotopa, nous rencontrons le lieutenant du génie Mounayres qui fait traîner, par une équipe de Tofanis, un gros tronc d'arbre destiné à servir de bélier pour la démolition des grands murs en argile du tata principal de Kotopa. La besogne sera longue et pénible, car ces murs entourent un vaste rectangle d'au moins 250 mètres sur 200; ils mesurent de 6 à 8 mètres de hauteur, ont $1^m,50$ d'épaisseur à la base et $0^m,60$ à $0^m,70$ au sommet. Les obus de nos canons de montagne éclataient contre ces remparts presque sans les entamer.

La mélinite seule pourrait en venir à bout; mais je crois que cet explosif fait défaut.

En examinant ces vastes enceintes, je me demande pourquoi les Dahoméens n'ont pas cherché à les utiliser pour la défense? Il leur aurait suffi de percer quelques embrasures au pied pour leurs canons, et d'établir une banquette à 1m,50 du sommet pour mettre les défenseurs complètement à l'abri, tout en leur permettant de tirer à une grande distance et de se défendre avec succès contre toute attaque de vive force. Bien que je sois très peu initié dans l'art de faire la guerre, d'attaquer ou de défendre des ouvrages d'art, je pense que nos faibles effectifs et notre matériel d'artillerie eussent été absolument insuffisants pour enlever aux Dahoméens ces redoutables enceintes. Ainsi, bien abrités et convenablement approvisionnés, une partie de leurs effectifs pouvait menacer notre arrière et arrêter nos convois, tandis que la portion principale se serait opposée à notre marche. Je suis non moins étonné que les Richter, Barth et Cie qui ont si parfaitement réussi à les approvisionner en armes et en munitions, qui leur ont appris à se servir très convenablement de leurs canons Krupp, de leurs mitrailleuses, de leurs fusils à tir rapide, qui leur ont donné des principes de tactique allemande et de fortification ; je suis étonné, dis-je, que ces tristes mais redoutables professeurs n'aient pas eu l'idée de faire mettre les tatas en état de défense. Peut-être les Dahoméens s'y sont-ils refusés, ne voulant pas s'exposer à être enveloppés et bloqués dans ces enceintes?

Ces réflexions m'amènent, tout en cheminant vers le camp, à rassembler mes souvenirs concernant une question si souvent discutée depuis la début de la campagne à savoir si nos ennemis sont réellement dirigés par des Européens?

Les quelques prisonniers dahoméens que l'on a fait, ont généralement conservé un mutisme absolu : douceur, persuation, menaces, rien n'a pu les décider à répondre aux questions qui leur étaient adressées. Huit ou dix, faisant exception à cette règle, ont donné des renseignements contradictoires; les uns prétendaient avoir vu des blancs parmi les contingents de Béhanzin; d'autres niaient absolument leur présence, mais presque tous s'accordaient à dire que des commerçants étrangers de Wydah avaient livré des armes et des munitions, et que quelques-uns de ces Européens, des Allemands pour la plupart, avaient formé des moniteurs et dressé des pointeurs pour l'artillerie. Fort souvent j'ai entendu prononcer le nom de Richter, que l'on dit être un ancien officier d'artillerie allemand.

Actuellement représentant de commerce à Wydah, on l'accuse d'être à la tête de l'organisation de la défense, ainsi que son collègue Barth, un Hambourgeois.

Interrogé par l'interprète du commissaire administratif, M. Noguès, le blessé que nous venons de recueillir à Kotopa, a consenti, grâce aux bons soins dont il a été entouré depuis qu'il est notre prisonnier, à donner quelques renseignements concernant l'état actuel des forces dahoméennes, les pertes qu'elles ont subies, la provenance de leurs armes et de leurs munitions, l'origine de leurs artilleurs, l'impression que leur ont causée nos troupes, nos projectiles, nos cavaliers, etc.

Cet interprète, affecté au service des subsistances, est un garçon intelligent, il paraît très dévoué à notre cause. Originaire du Dahomey, il a fait quelques études de français chez les missionnaires de Porto-Novo, puis il est retourné chez lui où il a installé un comptoir. Dépossédé par Béhanzin, il s'est réfugié dans notre protectorat et a demandé à participer à l'expédition actuelle pour se venger du roi du Dahomey.

Déjà notre prisonnier a été interrogé par l'état-major. Lui a-t-il fourni quelque utile renseignement ? Je l'ignore, mais je sais que, mis en confiance par ma présence, voici en substance ce qu'il a dit hier à l'interprète de M. Noguès : démoralisés à la suite des combats livrés en avant de Poguessa et ceux d'Oumbomédi et d'Akpa, les Dahoméens ont repris courage après nos insuccès devant le Koto, et ils ont résolu de nous attaquer sans relâche; ils ont perdu beaucoup de monde dans les combats livrés aux environs d'Akpa et de Kotopa, le corps des Amazones a été presque complètement anéanti. Les nombreux blessés ont, pour la plupart, été évacués sur Agoni, situé sur le fleuve en amont de Tohoué. On avait dit aux Dahoméens que les Français ne savaient pas combattre et qu'ils ne pourraient pas résister au climat. Ce qui a surtout causé beaucoup d'émotion dans leurs rangs au début des hostilités, c'est l'éclatement des schrapnels, éclatement que ce guerrier mime en ouvrant la main avec une détente des doigts, pour simuler en l'air la projection des éclats et des balles.

Nos cavaliers ayant pour mission d'éclairer la colonne et de se replier aux premiers coups de fusil, semblent lui avoir laissé une piètre opinion de leur valeur militaire, mais il n'ose s'exprimer catégoriquement.

Ce Dahoméen nous confirme un fait que chacun de nous a constaté depuis longtemps après chaque combat : c'est que les traitants européens leur ont livré beaucoup d'armes à répétition, de cartouches et qu'ils ont appris aux guerriers à employer ces armes.

« Je n'ai pas vu de blancs parmi nous, a ajouté le prisonnier, mais je sais que nos canonniers ont été instruits et dressés par eux. Les pointeurs que nous avions au début ont presque tous été tués ou blessés. »

Je me remémore toute cette conversation et je me souviens des armes et des munitions ramassées après chaque combat : chassepots, Spencer, Winchester, Péabodgs, Sinder, etc., paquets de cartouches portant l'inscription :

CHASSEPOT PATRONEN, CASSEL-MAI 1873.

et je n'ai pas oublié les petits tonnelets ayant contenu de la poudre et portant la marque de la maison allemande de Wydah, etc.

Ces diverses impressions, encore mal classées dans ma mémoire, me reviennent en foule et m'absorbent à tel point que je rentre au camp presque sans m'en apercevoir.

Après avoir enregistré très succinctement mes réflexions, je me promets de compléter dans la suite les quelques remarques qui ont attiré mon attention, aussi bien du reste que celle de la plupart de mes camarades.

Un agréable déjeuner suivi d'une bonne soirée. — Reconnaissance du 1er novembre.

Les maigres provisions que nous rapportons vont être utilisées sur l'heure. Pendant mon absence, les camarades ont invité à déjeuner nos deux anciens hôtes d'Adégon, plus récemment, voisins de Kosoupa, le lieutenant Menou et son garde Rhodes, qui viennent d'arriver pour commencer ici la construction d'un réduit analogue à ceux qu'ils ont élevé précédemment. Le capitaine Le Bigo, leur nouveau chef de service, est également parmi nos convives; avec lui, la table ne perd rien de son entrain; un vrai caractère de circonstance.

Dans le courant de l'après-midi, le colonel a invité les chefs de groupes et d'unités à lui fournir le jour même un état de propositions de récompenses concernant leurs sous-ordres. J'en suis informé confidentiellement après dîner par le capitaine Crémieu-Foa, venu tout exprès de l'état-major pour m'annoncer une excellente nouvelle qui me cause une bien grande joie.

— Je suis ravi, me dit-il en me serrant la main, de vous apprendre que le colonel vient d'accepter la proposition faite en votre faveur par le capitaine de Fitz-James. Vous êtes inscrit parmi les premiers de la liste pour la Légion d'honneur.

L'émotion et la joie me permettent à peine de remercier Crémieu-Foa; mais il me comprend, et je vois bien que lui aussi est heureux du bonheur qui m'arrive. Puis il s'en va trouver l'ami de Tavernost, qui a été l'objet d'une proposition analogue. Je vais m'étendre sur mon lit, mais il est probable que le sommeil sera long à me clore les paupières ?

Le dernier convoi de ravitaillement attendu est commandé par le lieutenant Compérat. Il arrive dans la matinée, après avoir eu à repousser la veille une violente attaque d'un groupe de Dahoméens. Ceux-ci, au nombre d'une centaine, commandés par un cabécère des plus audacieux, se sont embusqués dans un petit village abandonné entre Sabovi et Kosoupa, à environ 3 kilomètres de ce dernier poste. Ils ont profité du moment où le convoi s'était considérablement étendu en traversant un mauvais passage, pour tomber brusquement sur le petit groupe de tirailleurs qui formait l'arrière-garde, tuer ou blesser une dizaine de soldats et autant de porteurs. Le reste de l'escorte a tenu bon autour de l'officier et a refoulé les attaques successives que l'ennemi a renouvelées pour enlever le convoi. Deux ou trois cavaliers secondaient les tirailleurs; l'un des premiers s'est rendu au galop à Kosoupa, d'où le lieutenant Nèple a immédiatement envoyé quarante hommes de renfort. Les sonneries du clairon avertissant de l'arrivée des tirailleurs ont décidé les Dahoméens à lâcher pied.

A son arrivée au camp d'Awlamé, le brave Compérat est l'objet d'une manifestation des plus sympathiques.

Déjà le colonel a pris ses dispositions et dicté ses ordres pour la journée suivante. La colonne est en mesure de reprendre l'offensive; elle laissera ses éclopés, ses vivres et ses munitions de réserve dans le réduit que l'on construit au camp. Dès à présent, il est question d'affecter la majeure partie des spahis à la garde de ce nouveau poste.

Les officiers de l'état-major, qui se sont portés sur un point légèrement culminant, d'où l'on découvre une certaine étendue de terrain dans la direction de Kana, estiment que la région est encore trop couverte et surtout les herbes sont beaucoup trop hautes pour permettre à la cavalerie d'évoluer avec succès.

D'un autre côté, le commandant supérieur vient d'apprendre que nous avons perdu encore trois chevaux; il a pu aussi se rendre compte du mauvais état d'un cinquième au moins de l'effectif.

Malgré cette fâcheuse situation et les mauvais pronostics qu'elle entraîne, nous espérons encore que l'on se décidera au dernier moment à former un bon escadron à 150 sabres. La cavalerie pourra peut-être surmonter les difficultés inhérentes à la végétation et seconder efficacement la colonne?

Chacun donne son opinion, développe ses plans, en attendant le retour du capitaine qui est allé aux renseignements à l'état-major. Le voici, et sa physionomie indique d'avance la réponse qu'il rapporte : « A l'exception d'un peloton affecté au service de l'avant-garde, la cavalerie assurera la défense du réduit d'Awlamé. »

Cette décision désole tous mes camarades, hormis toutefois de Tavernost qui prend le tour de service; et chacun manifeste plus ou moins haut la déception qu'il éprouve.

Personne, toutefois, n'oublie le déjeuner; mais tout

en se préparant à lui faire honneur, les mécontents discutent encore.

— Messieurs, fait sagement observer le capitaine, l'obéissance est la préface du devoir; comme vous, je regrette de ne pouvoir charger à la tête de mon escadron... Nous essaierons d'utiliser nos forces d'une autre manière.

Il termine cette courte allocution par son expression favorite : *sursum corda !*

Chacun estime profondément cet excellent homme qui joint à la bravoure souvent téméraire des anciens preux le prodigue désintéressement d'une sœur de charité; il donne sans restriction : au drapeau, toutes ses forces, tout son fanatisme; à ses amis, tout son cœur. Mais, comme nul n'est exempt de travers, sa nervosité l'entraîne parfois à des accès d'emportement qui s'allument et s'éteignent avec la rapidité d'un coup de mine.

Lorsqu'il entame une discussion, soit avec son collègue Crémieu-Foa, soit surtout avec le camarade Basset, qui tous deux aussi ont le système nerveux très près de l'épiderme, d'avance on peut prévoir un emballement commun, bientôt suivi de regrets mutuels. Rien de méchant au fond et surtout rien de chronique.

Vers 3 heures de l'après-midi, c'est-à-dire après la sieste, nous voyons le capitaine de Fitz-James se diriger vers la tente du colonel; il en sort quelques minutes après pour venir donner l'ordre au maréchal des logis Chollet de monter à cheval avec quatre spahis; puis il réunit un peloton de 20 hommes à pied, composé mi-partie de volontaires, avec les sous-officiers Nathon et Deschamps.

— Je vais faire une petite reconnaissance du côté de Ouacon, nous dit-il avant de partir.

A la tête de sa petite troupe à pied, armée de carabines et précédé de sa patrouille à cheval, il s'engage sur le sentier d'Awlamé, c'est-à-dire marchant vers l'ouest dans la direction de Ouacon, où l'on suppose que les Dahoméens se sont retranchés pour défendre l'accès de Kana.

Dix minutes se sont à peine écoulées depuis le départ de la reconnaissance qu'une vive fusillade se fait entendre à 15 ou 1.800 mètres en avant du camp. Quelques projectiles passent en sifflant au-dessus du bivouac. A cinq pas de nous, l'interprète Mahmadou, une bouteille à la main, verse délicatement de l'huile de palme dans une jarre qui est sur le feu, lorsqu'une balle, brisant la bouteille, mélange les éclats de verre à la sauce du pauvre garde civique, dont je renonce à dépeindre l'ahurissement. Le fou rire qui gagne tous les spectateurs de cette scène nous fait oublier pour quelques instants la position critique dans laquelle doit se trouver notre petit détachement. La fusillade diminue rapidement d'intensité. Bientôt, nous distinguons les réponses du capitaine qui essaie de faire exécuter des feux de salve — rien de comparable avec ceux qu'exécutent nos fantassins et plus particulièrement les légionnaires !

Après avoir ainsi déchiré de la toile à cinq ou six reprises successives, les carabines se taisent complètement et l'on n'entend plus que le feu à volonté très intermittent de l'ennemi. Les projectiles ne parviennent plus jusqu'à nous; cela résulte sans doute d'un changement de direction du peloton. Bientôt apparaît le maréchal des logis Chollet, suivi de ses cavaliers; il se rend auprès du colonel et lui remet une enveloppe.

Déjà plusieurs compagnies sont sous les armes; celle du capitaine Roulland reçoit l'ordre de se porter au secours du peloton de cavalerie.

Le combat reprend avec plus d'intensité pendant quelques minutes. De nouveau, les projectiles tombent dans le camp où ils blessent trois soldats. Les clairons sonnent la charge; puis tout se tait!...

Un quart d'heure après, le capitaine de Fitz-James rentre avec ses hommes à pied. Il va rendre compte de sa mission au colonel, pendant que les sous-officiers nous font le récit du petit engagement :

« A la sortie du camp, le sentier traverse le village d'Awlamé et descend vers un bosquet formé par une double ligne de grands arbres entremêlés de broussailles; ce couvert s'étend à environ 50 mètres de chaque côté du chemin et les masque au delà.

» Le capitaine envoie rapidement la patrouille à cheval reconnaître ce fourré. Arrivés à 100 mètres de la lisière, les cavaliers lancés au trot sont reçus par une fusillade qui ne leur cause aucun mal, mais les force néanmoins à rebrousser chemin.

» Voyant que sa troupe est trop faible pour enlever de vive force le bosquet, derrière lequel semble s'être abrité un groupe d'environ 200 Dahoméens, le capitaine faisant obliquer son peloton vers la gauche, vient le placer en arrière d'un léger rideau de broussailles, à 800 mètres environ de la position ennemie. Comme le terrain s'abaisse progressivement jusqu'à cette position, nos cavaliers ne sont guère abrités, mais fort heureusement les Dahoméens ne disposent très probablement que de quelques armes à longue portée, ou bien ils ne savent pas se servir des hausses, car peu de projectiles arrivent jusqu'au peloton. Sur l'ordre du capitaine resté debout derrière eux, les spahis ont mis genou terre pour exécuter des feux de salve. Le tir manque absolument de régularité; et, quoi qu'il fasse pour obtenir un meilleur résultat, le capitaine ne peut y parvenir : la plupart des spahis auxiliaires ne le comprenant pas, continuent à tirer avant ou après le commandement. Furieux, le chef de la reconnaissance fait relever tout son monde et pendant plus de cinq minutes lui fait exécuter du maniement d'armes terminé par un tir à blanc. Pendant ce temps, il a envoyé le maréchal des logis Chollet demander du renfort au camp. La compagnie Roulland arrive au pas gymnastique; elle attaque de flanc la position pendant que les spahis se portent en face à 500 mètres, et ouvrent un feu plus régulier. Les tirailleurs s'élancent à la baïonnette et s'emparent du fourré et de la double ligne de tranchées qui se trouve derrière, chassant devant eux les Dahoméens qui s'enfuient en désordre. Les pertes des assaillants sont insignifiantes; trois hommes seulement ont été blessés. »

Le brave capitaine de Fitz-James vient s'asseoir au milieu de nous; il n'est bien entendu plus question de la petite pointe du tantôt. Nous avons hâte de fêter sa victoire, et lui plus hâte encore de se désaltérer. Tout est préparé pour satisfaire l'un et l'autre.

La colonne quitte le camp d'Awlamé. — Combats des 2, 3 et 4 novembre.

Le 2 novembre, à 6 h. 1/2 du matin, la colonne se met en marche, précédée par le 1er peloton de spahis. Immédiatement après sa sortie du camp, elle quitte le sentier qui traverse Awlamé et contourne ce village au nord, de manière à laisser assez loin de son flanc gauche les tranchées qui ont été prises et abandonnées la veille et que l'avant-garde dahoméenne doit avoir réoccupées pendant la nuit. En effet, dès que nos troupes changent de direction et se portent à l'ouest, les Dahoméens se replient sur leur centre retranché autour de Ouacon. Mais avant de lâcher pied, ils cherchent à inquiéter notre aile gauche, en tiraillant et même en prononçant un mouvement offensif qui est arrêté net par quelques feux de salve.

Après avoir suivi pendant un certain temps les évolutions de la colonne, je rentre au réduit laissé au commandement du capitaine le Bigot. Celui-ci ayant pris la direction des travaux, a autorisé le lieutenant Menou à remplacer son collègue Michel, tué au combat du 20 octobre.

Dès neuf heures du matin, tout bruit cesse dans la direction de Ouacon. La journée nous paraîtrait interminable si nous n'avions la préocupation de procéder à une nouvelle installation en dedans des retranchements.

Dans le courant de l'après-midi, le bruit de la fusillade se fait entendre à différents intervalles entrecoupés de quelques coups de canon. Une heure avant la tombée de la nuit, le combat reprend avec une rare intensité. Il nous semble, et c'est aussi l'avis de la plupart de nos camarades, que la fusillade se rapproche, comme si la colonne effectuait un mouvement rétrograde. Le canon tonne également à peu près sans interruption.

La nuit arrive et met fin au combat.

Après le dîner, nous sommes tous réunis pour commenter les événements probables de la journée. Le commandant du poste n'ayant reçu aucun courrier de la colonne, il y a lieu d'admettre que celle-ci s'est solidement établie pour passer la nuit; — bien certainement son chef n'a nullement l'intention de revenir sur Kotopa. — La veillée s'est ainsi prolongée jusqu'à onze heures; aussi, à l'exception des sentinelles, chacun dort encore, lorsque, dès la pointe du jour, les combattants nous sonnent un réveil en fanfare avec accompagnement de feux rapides, de feux de salve et de canonnade. Tout en s'éloignant progressivement, la lutte se continue avec des alternations d'accalmie et de recrudescence jusqu'à dix heures du matin.

Après midi, un courrier nous apporte des nouvelles de la colonne actuellement maîtresse du village et du tata de Ouacon.

Le village était occupé par un groupe de Dahoméens, lorsque la colonne s'est mise en marche le

2 novembre après le repos de midi. Cette embuscade a été refoulée par l'artillerie ; nos canons ont couvert le village de projectiles, et la plupart des cases ont été incendiées.

Puis nos troupes se rabattant vers le sud, ont attaqué l'ennemi, solidement retranché autour et entre les tatas de Ouakon et de Diokoué; le combat n'a cessé qu'à 6 heures du soir. Au cours de l'action, le lieutenant Mercier et trois hommes ont été tués; environ 25 hommes ont reçu des blessures plus ou moins graves.

La colonne s'est installée au bivouac suivant son dispositif habituel.

Profitant de la nuit, les Dahoméens, se glissant à travers les hautes herbes, sont venus prendre position à moins de deux cents mètres de chacune des trois faces qu'ils supposaient les plus faibles; celle de l'arrière et celles des flancs.

Dès la pointe du jour, ils se sont précipités comme des fauves sur l'un des côtés du carré, où ils ont été reçus par une vive fusillade. Suivant l'habitude, les tirailleurs occupaient leurs postes de combat depuis plus d'une demi-heure.

Repoussés sur ce point, deux autres groupes ont renouvelé avec celui-ci une attaque simultanée, de sorte que trois faces ont été attaquées en même temps. Les projectiles ennemis venaient atteindre par derrière, non seulement nos défenseurs de la face opposée mais aussi les assaillants de cette même face. Celle que défendait le commandant Riou en particulier a vu arriver les Dahoméens à moins de 20 mètres de la tranchée et en a fait un carnage épouvantable. Immédiatement après avoir refoulé les premières attaques, chacun des groupes a repris l'offensive en déployant une ligne de tirailleurs constituée par les légionnaires et les Sénégalais. Le groupe Audéoud tout entier s'est porté sur le tata de Ouacon qu'il a brillamment enlevé à la baïonnette.

Jusqu'à 10 heures, les Dahoméens ont défendu le terrain pied à pied; puis ils se sont retirés précipitamment sur Diokoue, d'où il faudra les déloger encore.

Les contingents de Béhanzin, quoique terriblement affaiblis par les pertes immenses qu'ils ont éprouvées depuis le commencement de la campagne, luttent encore avec acharnement. L'ivresse, le fanatisme et le désespoir peuvent seuls expliquer les attaques audacieuses de ces forcenés, qui comptent maintenant dans leurs rangs toute la plèbe sortie des prisons, ainsi qu'un groupe redoutable de chasseurs d'éléphants.

Cet engagement nous a coûté quatre tués et une soixantaine de blessés, parmi lesquels quatre officiers : le capitaine Roget, de l'état-major; le docteur Rouch; les lieutenants Jacquot et Cany, de la légion.

Pendant l'après-midi, la compagnie Collinet, ainsi qu'un peloton de légionnaires, s'est installée dans le tata de Ouacon. Le gros de la colonne s'est établi sur un point culminant à proximité de Diokoué; elle se dispose à évacuer ses blessés.

Immédiatement le commandant du réduit fait prendre toutes les mesures nécessaires pour assurer des ressources au prochain convoi d'évacuation. Une case spacieuse leur servira d'abri. Chacune des popotes apprête des rafraîchissements et des réconfortants, tandis que mes cantines médicales sont mises à contribution pour préparer les pansements.

Le convoi débouche à 5 heures et demie ; il est escorté par une demi-compagnie de tirailleurs et accompagné par le docteur Carrière. Les quatre-vingts ou quatre-vingt-dix cadres et brancards sont alignés sur deux rangs sous la grande paillotte. Les officiers et les sous-officiers trouvent une installation toute prête chez leurs camarades du poste.

Tandis que le médecin fait sa tournée auprès des premiers, avec quelques gradés de l'escadron, je m'occupe plus spécialement de renouveler les pansements ; d'autres infirmiers d'occasion font une ample distribution de thé, de citronnade et de bouillon. Nous avons même réussi à trouver deux boîtes de lait pour les dysentériques.

Après le dîner, il est absolument indispensable de réparer une grande partie des cadres qui ont été confectionnés à la hâte, faute d'un nombre suffisant de brancards. La plupart se composent d'un châssis formé de deux perches reliées par deux traverses ; une couverture ou une toile de tente constitue la matelassure. Les traverses, n'étant pas encastrées dans les bras, manquent de fixité, et les toiles, n'étant pas cousues, se détachent facilement.

A 10 heures, tout est terminé grâce au bon vouloir de chacun.

Je me dirige vers ma case en passant devant celle qui est momentanément occupée par le docteur

Rouch. Ce blessé souffre cruellement; une balle lui ayant fracassé le genou, la fièvre traumatique est venue s'adjoindre à l'impaludisme et à la dysenterie qui le minaient déjà. Quelques injections de morphine suffisent à peine à calmer le blessé.

Le lendemain, dès 6 heures du matin, le convoi est reformé ; les blessés et les malades reçoivent une distribution de café et de thé. Notre camarade Legrand a reçu l'ordre de l'escorter avec son peloton.

Pendant toute cette matinée du 4 novembre les hommes du poste continuent les travaux de fortification.

Le deuxième peloton est envoyé à la colonne où il devra remplacer le premier. Vers 8 heures, la canonnade recommence dans la direction de Kana ; elle se tait environ une demi-heure plus tard.

Le commandant du poste a reçu l'ordre de constituer un convoi de vivres et de munitions. Dès 1 heure de l'après-midi, tout est prêt; le convoi se met en route, escorté par le peloton Perrier, que j'accompagne. Nous suivons le sentier qui, d'Awlamé, conduit à Ouacon. Au bas d'Awlamé se trouve un petit bosquet barrant la route, derrière lequel s'étend une triple ligne de tranchées sur le revers desquelles les Dahoméens ont laissé plantées les petites fourches qui leur servaient à appuyer leurs fusils. Ce sont ces tranchées qui ont été enlevées précédemment par les capitaines Fitz-James et Roulland. Le sentier faisant un coude vers l'ouest, nous amène bientôt au milieu d'un campement abandonné dont l'entrée est gardée par un certain nombre de fétiches plus ou moins grotesques, entourés de piquets bariolés et de petits drapeaux minuscules. A quelques pas de là, le cadavre d'un chien empalé au pied duquel quelques poulets gisent éventrés. Ce campement ressemble aux précédents; les branches de palmiers, encore vertes, qui constituent les toitures, démontrent que ces abris sont de date très récente. Une case immense, entourée d'une tapade en bambou, servait de refuge au roi.

La région que nous traversons est entrecoupée de champs de maïs et d'espaces couverts de broussailles peu élevées. Vers la droite, dans la direction du Koto, nous apercevons un petit village dont les cases disparaissent sous un dôme de verdure au milieu de laquelle on distingue de nombreux orangers.

Bientôt, nous remarquons, à environ 1.500 mètres, émergeant au-dessus des herbes, une ligne blanche qui s'avance vers nous; elle est formée par les casques du peloton de spahis, sous le commandement du lieutenant de Tavernost. Notre camarade ne tarde pas à nous rejoindre. En quelques mots, il nous résume les opérations de la colonne depuis la journée du 2.

Nous reprenons notre marche dans la direction de Ouacon, tandis que le premier peloton rentre au camp d'Awlamé.

Il est environ 2 h. 1/2 lorsque nous apercevons le tata de Ouacon à environ un kilomètre. Plus loin, nous voyons celui de Diokoué, autour duquel vient de s'engager une lutte acharnée, ainsi que l'indique la fusillade nourrie et les nombreuses salves d'artillerie que nous percevons très distinctement. Les projectiles ont allumé de nombreux incendies; peut-être aussi l'ennemi a-t-il mis lui-même le feu aux cases pour masquer sa retraite.

Du poste installé au tata de Ouacon, le lieutenant Pernot nous ayant aperçus, se porte immédiatement à notre rencontre; il a reçu l'ordre d'amener à la colonne le convoi que nous avons escorté jusque-là.

Après quelques instants de repos, nous reprenons la direction d'Awlamé, tout en accomplissant la deuxième partie de notre mission qui consiste à incendier les cases, de chaque côté du sentier, jusqu'à une petite portée de fusil, de façon à déblayer complètement les abords du chemin. Nos spahis, armés de torches, ont rapidement accompli leur besogne qui est favorisée par un léger vent d'est. Des provisions de poudre oubliées au fond de quelques cases, activent l'incendie et éclatent en simulant un bruit de fusillade.

A 5 heures, nous sommes de retour au camp d'Awlamé.

Du côté de Diokoué, le bruit du combat a complètement cessé; on ne distingue plus que les noires colonnes de fumée qui s'élèvent en divers endroits.

A la tombée de la nuit, les sentinelles du poste signalent une troupe qui s'avance dans la direction du camp; renseignements pris, c'est un convoi de blessés venant de la colonne. Ce convoi d'évacuation comprend : les lieutenants Menou et Marron, de l'artillerie, Gay, Mérienne-Lucas, des tirailleurs, et une cinquantaine d'hommes. Déjà, comme la veille, les rustiques baraquements ont été soigneusement aménagés pour recevoir les blessés et les malades.

Thé et bouillon distribués à chacun. Les officiers se font un devoir d'offrir leurs cases aux camarades blessés et comme d'habitude aussi les infirmiers de bonne volonté ne manquent pas. Faute de personnel suffisant, aucun docteur n'a pu accompagner le convoi. Les pansements salis par la boue et agglutinés par le sang sont rafraîchis et même renouvelés en grande partie, grâce à la petite provision d'antiseptiques primitivement destinés aux chevaux. Une distribution de quinine est faite aux fiévreux; quelques injections de morphine soulagent momentanément les hommes gravement blessés; les lieutenants Mérienne-Lucas et Gay sont de ce nombre.

La demi-compagnie d'escorte a reçu l'ordre de retourner à la colonne; c'est un peloton de spahis qui doit accompagner le convoi jusqu'au prochain poste de Kosoupa. Le lieutenant d'artillerie Marron, qui figure parmi les blessés de la journée, nous fait le récit du dernier combat :

« Le matin, nos troupes, en débouchant sur le plateau de Diokoué, ont été accueillies par une vive fusillade des Dahoméens retranchés autour de leurs tatas. Après quelques salves d'artillerie, nos soldats ont vigoureusement refoulé l'ennemi vers Kana. La marche en avant a été interrompue de 10 heures du matin à 2 heures de l'après-midi. Puis, le premier groupe précédant le gros de la colonne, a essuyé le feu d'un fort parti dahoméen dont le tir bien réglé a causé dans nos rangs des pertes importantes. Le deuxième groupe arrivant en ligne, s'est élancé à la baïonnette, refoulant l'ennemi vers les premières maisons de Kana. Un groupe de chasseurs d'éléphants, convenablement postés et résolus à mourir plutôt que de reculer, a fait preuve d'un acharnement extraordinaire dans l'attaque comme dans la défense; ce sont ces tireurs de position qui ont fait subir à la colonne les pertes les plus sérieuses; il a fallu faire avancer l'artillerie soutenue par la 1re compagnie de la légion et la 3e de tirailleurs pour en avoir définitivement raison. »

Au cours de ce combat, notre interlocuteur, qui indiquait de la voix et du geste à sa section, l'emplacement qu'elle devait occuper, a eu la main traversée par une balle; son collègue Menou avait été blessé dès le matin par un projectile qui, pénétrant dans le gras de la fesse était venu se loger sous la peau au niveau du pli. Peu grave en elle-même, la blessure avait été salie par la terre boueuse sur laquelle les porteurs déposaient le brancard, chaque fois que la colonne était arrêtée dans son mouvement offensif. Mérienne-Lucas avait l'épaule gauche fracassée par une balle, qui n'était pas sortie, et sa blessure le faisait horriblement souffrir. Mais celui qui paraissait le plus grièvement touché, c'était certainement le sous-lieutenant Gay; il ne respirait qu'avec la plus grande difficulté par suite de l'hémorragie pulmonaire qui s'était produite.

Avant 6 heures du matin, les brancards ont été réparés. Une nouvelle distribution de thé et de café est faite aux blessés et le convoi se remet en route vers 7 heures, précédé et suivi par le 1er peloton de spahis. En l'absence de médecin, le commandant du poste d'Awlamé et le capitaine de Fitz-James m'ont autorisé à accompagner les blessés jusqu'à Kosoupa. A mi-chemin, une section de tirailleurs, commandée par le lieutenant Hérold, vient relever le peloton de spahis, sur lequel je prélève 6 hommes pour me servir d'escorte. Nous arrivons à la hauteur d'Oumbomédi; jusque-là, le sentier était resté relativement bon; il devient impraticable pour traverser la forêt qui nous sépare de Kosoupa. Les porteurs, exténués, glissent, s'embourbent et parfois s'effondrent, entraînant avec eux le blessé, qui souvent hurle de douleur. Ces chutes répétées détériorent les brancards improvisés, qu'il est nécessaire de réparer tant bien que mal à chaque instant. Parmi les malades et les blessés ainsi transportés, on compte une vingtaine de Tofanis. Dans le but de faciliter la marche du convoi et surtout, pour n'être pas obligé de laisser à chaque instant quelques hommes de l'escorte en arrière, à la garde des brancards immobilisés, chaque fois que l'un de nos blessés doit s'arrêter pour permettre aux porteurs de réparer leur brancard, je le fais permuter d'office avec un Tofani et j'abandonne celui-ci avec le brancard brisé, sans escorte, aux bons soins de ses camarades, qui, stimulés par la peur du Dahoméen maraudeur, se hâtent de réparer le cadre et de rejoindre la queue du convoi.

Il fait une chaleur étouffante, plusieurs de nos malades sont en proie au délire. Parmi eux, un caporal du génie se refuse à conserver son casque et déchire le petit abri destiné à le préserver du soleil. Un autre, sous le coup d'un accès pernicieux, se débarrasse de tous ses vêtements. Et l'on vient me prévenir que le lieutenant Mérienne-Lucas, jeté à terre pour la troisième fois par ses porteurs, se refuse obstinément à se laisser replacer dans un brancard. J'arrive en toute hâte en tête de la colonne et malgré les protestations de notre camarade, qui préférerait mourir sur place, je le fais assujettir et emporter de vive force.

Il est près de midi lorsque nous entrons au poste de Kosoupa. Les blessés sont rangés sous les abris ordinaires; le caporal du génie ne tarde pas à rendre le dernier soupir, quelques autres et parmi eux un vieux sergent de la légion étrangère sont dans un piteux état : ce sous-officier, d'origine alsacienne, ainsi que l'explique son accent prononcé, médaillé pour faits de guerre au Tonkin, vient d'avoir le genou perforé par une balle; il souffre atrocement sans rien perdre de son énergie. Après avoir enlevé son pansement, je constate avec tristesse que la gangrène a envahi la région et remonte déjà jusqu'à mi-cuisse. L'amputation serait peut-être encore efficace, mais il n'y a personne pour la pratiquer. Pendant que je renouvelle son pansement, le blessé me fait part de ses espérances : « Déjà, me dit-il, j'ai obtenu la médaille militaire, en récompense de blessures que j'ai reçues pendant la campagne du Tonkin; cette fois, je recevrai certainement la croix de la Légion d'honneur. Tout en le maintenant dans cette douce illusion, je me rends parfaitement compte que, comme tant d'autres, ce vieux brave n'aura pour toute récompense que la croix de bois!...

La morphine a produit bon effet sur notre camarade Gay, ce qui m'engage à lui en injecter une nouvelle dose; Mérienne-Lucas ne veut pas entendre parler de ce traitement; l'état du lieutenant Menou ne nous inspire aucune inquiétude; quand au lieutenant Marron, son inépuisable bonne humeur ne l'abandonne pas un seul instant, et c'est dans ces bonnes dispositions d'esprit qu'il partage avec moi le déjeuner que nous offrent les camarades du poste.

A 4 heures, ayant accompli ma mission, je reprends la direction d'Awlamé où j'arrive sans encombre avec mes spahis vers 8 heures du soir.

Le commandant du poste et mon collègue Surjus sont assis avec mes camarades des spahis autour de la table commune, lorsque nous rentrons dans le réduit; l'accueil chaleureux qui m'est fait et la joie qui illumine tous les visages me font pressentir une bonne nouvelle. En effet, j'apprends que Béhanzin, à bout de ressources, a réclamé la paix à tout prix et qu'il offre comme gage de sa sincérité de laisser entrer la colonne dès le lendemain à Kana.

La colonne entre à Kana; les escadrons viennent la rejoindre le 7 novembre. — Préliminaires de paix.

Le 6 novembre, de grand matin, la colonne qui s'est installée sur le grand plateau de Diokoué-Kana, lève le bivouac. Dans le but de parer à toute surprise, à tout agression traîtresse, le colonel fait prendre des mesures de sécurité à chacun des groupes au centre desquels s'avance le convoi. Les patrouilles de cavalerie traversent Kana sans rencontrer la moindre résistance. Cette fois, Béhanzin a tenu parole; ses troupes ont évacué la ville sainte sans résister.

Pendant la soirée, nous faisons nos préparatifs de départ. L'ordre de rejoindre la colonne nous parvient seulement le lendemain matin. A 2 heures de l'après-midi, l'escadron se met en marche, escortant un convoi d'approvisionnements à destination de Kana. Nous traversons successivement les villages de Ouacon et de Diokoué, dont les cases ne forment plus qu'un amas de décombres. Des cadavres, déjà à demi-dépecés par les vautours, répandent une odeur infecte. Bientôt, du haut du plateau que nous traversons, nous apercevons les premières maisons de la ville sainte des Dahoméens. Sur la droite du sentier, un guerrier de Béhanzin, affreusement blessé aux jambes, réclame de l'eau.

La ville de Kana occupe une large superficie; elle est constituée par une succession de hameaux séparés les uns des autres par des champs de maïs, et reliés entre eux par des rues plus ou moins larges et sinueuses. Les maisons sont, à peu de chose près, analogues à celles des autres villages que nous avons rencontrées sur notre route; quelques-unes sont très spacieuses et entourées d'un mur d'enceinte en argile. De très beaux arbres s'élèvent aux carrefours et la plupart des habitations sont environnées d'arbres fruitiers, parmi lesquels dominent les orangers, les papayers et les manguiers. Nous apercevons, en avant et à gauche, un vaste mur d'enceinte formant un immense rectangle dans l'intérieur duquel s'élèvent les habitations du roi.

La face nord borde une grande place, de l'autre côté de laquelle la colonne a établi son bivouac; le chef d'état-major nous donne l'ordre de nous installer à l'angle des troisième et quatrième faces. Nos chevaux sont mis à la corde en dehors du carré. Quelques cases abandonnées, comprises dans le secteur de notre nouveau bivouac, nous serviront d'abri et remplaceront avantageusement nos tentes que l'on se dispense de déployer. Cette installation serait à peu près parfaite si l'on disposait d'un ruisseau ou de quelques puits; mais le plateau sur lequel s'étend Kana n'est ni irrigué ni creusé; le Koto coule à environ 3 kilomètres au sud-est de notre bivouac. D'immenses jarres en terre cuite servaient de réservoirs, et tenaient lieu de puits aux habitants dont les esclaves allaient puiser de l'eau au ruisseau précité; ces récipients permettent momentanément de désaltérer hommes et chevaux.

Notre installation achevée, il nous est loisible de parcourir le cantonnement et de recueillir à bonne source les derniers renseignements. On s'occupe surtout des propositions de Béhanzin en vue d'obtenir la paix; il vient, paraît-il, d'envoyer au colonel Dodds un certain nombre de bœufs pour ravitailler nos troupes; celui-ci, en retour, a donné du tabac et quelques boîtes de conserves.

Nos soldats ont été convenablement ravitaillés. Les arbres fruitiers ont été mis à contribution pour aider à confectionner des desserts variés; on abuse des oranges que les soldats rapportent par bâches; quelques-uns les mangent à même; d'autres, plus avisés, préparent une boisson très rafraîchissante et réconfortante en ajoutant du tafia et du sucre au jus du fruit. Cette abondance relative, succédant à de longues semaines de fatigues et de privations, fait dire aux loustics que l'on renouvelle ici les *noces de Kana*. Malheureusement, bon nombre des troupiers et quelques-uns de nos camarades ne peuvent participer à nos réjouissances: la fièvre, et surtout la dysenterie, continuent leurs ravages. Parmi les plus gravement atteints, se trouvent le capitaine Crémieu-Foa, le lieutenant Varennes et le docteur Piedpremier. Le colonel lui-même souffre depuis longtemps de la dysenterie, mais il a toujours tenu bon et son état semble plutôt s'améliorer.

Notre service spécial terminé, nous consacrons la journée du 8 à parcourir les environs du camp. Au milieu de la place qui nous sépare du grand tata de Béhanzin, s'élèvent deux immenses fromagers aux branches desquels viennent se suspendre des milliers de roussettes: énormes chauves-souris qui se nourrissent de petits fruits, de baies principalement. Ces arbres abritent une case de féticheur dont les murs sont littéralement incrustés d'ossements et ornés de têtes de chèvres et de bœufs. A quelque distance de là, une autre case plus spacieuse est pavée de crânes humains, indépendamment des nombreux ossements mélangés aux fétiches qui tapissent les murailles.

Le tata principal qui constituait la résidence royale, représente un immense quadrilatère formé par des murs en argile, longs de 300 à 400 mètres, hauts de 7 à 8, épais d'environ 1^{m},50 à la base et 0^{m},60 au faîte. Pendant tout notre séjour à Kana, le sommet de ces murailles servait de perchoirs à des légions de vautours qui trouvaient leur nourriture sur les derniers champs de bataille et parmi les débris abandonnés.

Au centre de chacune des façades est percée une immense porte donnant accès dans une construction qui devait servir de corps de garde et qu'il faut traverser pour pénétrer dans la première cour. La porte d'entrée, faite de gros plateaux, est munie intérieurement d'énormes barreaux de fermeture et garnie extérieurement de fétiches ; de chaque côté s'étend une longue véranda protégée par la partie inférieure du toit de la case d'entrée. A l'intérieur de cette immense enceinte, s'élèvent des murs plus petits qui constituent autant de cours dans lesquelles on remarque des constructions de dimensions variables. La cour d'honneur, située à peu près au centre, est bordée de bâtiments dont le principal mesure près de 40 mètres de longueur ; la grande façade de cette habitation est ornée de moulures allégoriques représentant plus ou moins fidèlement des animaux, parmi lesquels une sorte de lion, symbole de Glé-Glé, et un requin, symbole de son fils Béhanzin. Une série de bas-reliefs récemment moulés dans l'argile, reconstitue, d'après la version dahoméenne, les phases de la précédente campagne contre les Français. Le capitaine Fonssagrive, qui nous donne cette explication, dessine rapidement les principales scènes : la première représente un bateau, la deuxième une culture de palmiers dévastée par des soldats européens, une troisième la victoire d'un nègre sur un blanc, enfin une quatrième reproduit un requin broyant entre ses mâchoires un soldat européen.

L'intérieur de cette immense case est divisé en compartiments par des murs peu élevés complétés jusqu'à la toiture par un cloisonnement à jour en nervures de palmiers. Le sol, en argile battue, est très bien entretenu; les murs sont badigeonnés à la chaux. Les principaux meubles et les tentures ont été soigneusement enlevés avant la retraite. En regard de cette construction, de l'autre côté de la cour, nous remarquons six ou huit sortes de cases cylindriques, sans toitures, mesurant environ deux mètres de diamètre, fraîchement blanchies à la chaux, entourées au pied d'une petite margelle formant rigole. Ces constructions étaient destinées, au dire de nos interprètes, à servir d'autels pour les sacrifices humains que Béhanzin s'était flatté d'y faire après nous avoir battus et capturés.

D'autres bâtisses servaient de logements, de casernes, de remises, de magasins; tous sont plus ou moins abritées sous de grands arbres qui leur procurent de frais ombrages.

Nos légionnaires, auxquels rien ne saurait échapper, ont découvert, au centre de la bourgade, une sorte d'arsenal renfermant une notable quantité de poudre, de projectiles, des douilles de cartouches de différents modèles, les outils nécessaires à la fabrication et la réfection des cartouches et à la réparation des armes à feu, des fusées-signaux et jusqu'à des piles électriques. Cet arsenal vient ajouter aux preuves déjà nombreuses de l'intervention tout au moins indirecte de la main-d'œuvre européenne dans l'organisation de la défense. Par ordre du commandant supérieur, les barils de poudre qui n'ont pu être enlevés ont été défoncés et leur contenu déversé à l'extérieur.

Quelque temps après notre arrivée, trois soldats de la légion se sont très imprudemment risqués à approcher un flambeau d'une traînée de poudre qu'ils croyaient détériorée par l'humidité; cette substance a fait explosion, les brûlant horriblement tous trois; ces malheureux ont été ramenés au camp dans un état désespéré et les deux plus gravement atteints n'ont pas tardé à succomber.

Séjour à Kana. — Préliminaires de paix; nominations; nouvelle installation; arrivée du lieutenant-gouverneur; le colonel est nommé général.

Depuis l'arrivée de la cavalerie à Kana, notre capitaine commandant a reçu l'ordre de faire répartir des petits groupes de spahis dans chacun des postes entre Adégon et la colonne pour assurer un service rapide de correspondance. Dans ce but, M. de Fitz-James a chargé le lieutenant de Tavernost de régler les questions de détail et de visiter chacun des différents postes. J'en profite pour remettre à notre camarade une liste des caisses nécessaires au réapprovisionnement de notre popote.

Chaque jour, Béhanzin envoie deux de ses ministres au colonel pour traiter de la paix; ces émissaires sont l'un, le conseiller principal au Kassouyan, l'autre, le yévogan, chef du district de Wydah.

Une case spéciale, dite « case des palabres, » a été construite à 100 mètres en avant de la première face du camp pour servir de lieu de réunion.

Dès que les sentinelles ont annoncé l'approche des

émissaires dahoméens, un officier de l'état-major du colonel s'avance au devant d'eux et les accompagne dans la case des palabres. Puis le colonel s'y rend également avec un peloton d'escorte pendant que les clairons et les tambours sonnent aux champs. Le commandant supérieur est presque toujours accompagné par son chef d'état-major et par son interprète.

L'escorte des deux ministres s'arrête à 300 mètres environ du camp ; elle se compose d'un groupe de guerriers sans armes, ayant à leur tête un cabécère taillé en hercule. Ce mastodonte a une bonne figure de dogue; il accepte avec plaisir le tabac que nous lui offrons et nous donne, en retour, d'affectueuses poignées de mains.

Un autre groupe, composé de captifs, est employé à porter les palanquins ainsi que les grands dais des ministres et à conduire en mains leurs deux petits chevaux de Lagos.

Il est interdit à nos troupiers de s'approcher de la mission dahoméenne; cette permission n'est octroyée qu'aux officiers; ceux-ci en profitent pour venir converser, par l'intermédiaire d'un sujet de Toffa, avec le cabécère chef de l'escorte. Souvent, il m'arrive d'emmener l'interprète de M. Noguès; il éprouve une profonde satisfaction à se faire remarquer par ceux des guerriers qui l'ont connu avant qu'il n'ait été dépossédé par Béhanzin ; son bonheur est complet lorsqu'il leur a raconté que Béhanzin est irrémédiablement perdu, que de nombreux vaisseaux amènent aux Français d'immenses renforts et des canons cent fois plus terribles que ceux dont ils se sont servis jusqu'à ce jour ! Mais j'interromps mon bonhomme en lui disant de me traduire les réponses que le cabécère fait à mes questions.

— Es-tu satisfait de la fin des hostilités ?

— Oui, la plupart de nos guerriers sont morts ou blessés.

— Combien vous reste-t-il d'Amazones ?

— Environ 50 ou 60 des 1.200 qui combattaient au début.

— Que sont devenus les deux légionnaires qui étaient tombés entre vos mains, le 15 octobre, au combat devant le Koto ?

— L'un était grièvement blessé, il est mort des suites de ses blessures. L'autre a été conduit au roi où il est mort d'une insolation.

Je continue à le faire interroger au sujet des intentions de Béhanzin. Mais ses réponses deviennent très évasives et visiblement mensongères, comme du reste une partie de celles qu'il m'a faites précédemment. Je lui demande encore ce que sont devenus les Européens qui combattaient avec eux. Après un temps d'hésitation, il me fait répondre qu'il ne comprend pas ma question et que les Dahoméens n'avaient besoin de personne pour les défendre.

Ce à quoi mon interprète riposte, ne me traduisant qu'après coup :

— Seuls ou non, vous avez reçus de bonnes frottées, et tu diras à Béhanzin que je suis bien vengé !

Ce qui paraît causer le plus d'étonnement aux Dahoméens, c'est de nous voir encore aussi vigoureux après les rudes fatigues de cette dure campagne. Ils supposaient que nous ne pourrions surmonter ni les difficultés inhérentes au climat, ni celles résultant des marches à travers un pays aussi difficile et surtout que nous serions accablés par leur nombre et leur valeur guerrière. Les quelques Européens qu'ils avaient vus (commerçants pour la plupart) ne voyageaient qu'en palanquin et jamais pendant les heures chaudes de la journée.

Bien que les pourparlers entre le colonel et les envoyés de Béhanzin soient absolument privés, nous sommes à peu près renseignés sur les grandes bases du projet de traité : Béhanzin offre de céder sans restriction Wydah, Awrékété, Godomey, Abomey-Calawi, c'est-à-dire toute la côte de Kotonou à Grand-Popo; il s'engage à retirer toutes ses troupes et à faire conduire la colonne à Wydah, par Allada, à travers la Lama. Toutefois, le roi demande que la colonne n'entre pas à Abomey, mais il invite les officiers français à envoyer une délégation pour assister aux fêtes qui doivent avoir lieu dans sa capitale à l'occasion de l'exhumation des restes de son père Glé-Glé. Nous apprenons aussi que le commandant supérieur a fait mander le lieutenant-gouverneur Ballot pour l'assister pendant les pourparlers.

Le 9 au matin, les médecins sont chargés d'organiser un convoi d'évacuation; l'état du capitaine Crémieu-Foa ne s'étant pas amélioré, cet officier ainsi que Varenne et Piedpremier sont désignés pour être dirigés sur l'ambulance de Porto-Novo. L'état mental de notre ancien camarade nous paraît aussi déprimé que sa santé; l'anémie cérébrale a fait encore plus de progrès chez lui depuis que nous sommes dans une demi-inaction et c'est à peine s'il répond aux vœux de bon voyage que nous lui adressons au départ.

Le même jour, arrive un courrier porteur d'un pli annonçant des nominations au grade supérieur du commandant Gonnard et des lieutenants Passaga et Jacquin. Cette nouvelle cause une vive satisfaction à tous les camarades des nouveaux promus et les réjouissances qui suivent nous font oublier momentanément les pauvres évacués du matin.

Le 10, notre capitaine obtient l'autorisation de changer le campement de l'escadron et de venir s'installer sur le front de la grande façade du tata et de chaque côté de la porte principale; cette mesure est devenue nécessaire par suite de la débilitation croissante de nos chevaux et la mortalité qui s'accentue de jour en jour. Les cadavres de nos pauvres montures sont traînés au loin par une équipe de Tofanis et les vautours se chargent de terminer leur besogne de fossoyeurs.

Nous faisons une sélection parmi les survivants : ceux dont l'état cachectique avancé ne laisse plus d'espoir de guérison sont conduits dans une case isolée où ils sont abattus et incinérés. Les autres sont répartis autour de grands arbres qui bordent la tata et à l'ombre de leur épais feuillage. Leur ration consiste maintenant en orge, préalablement bouillie pour détruire les moisissures, en maïs concassé recueilli dans les greniers et en tiges vertes de maïs que l'on fait couper dans les champs voisins.

Les grands récipients à eau que nous avons trouvés

dans les cases nous sont d'une grande utilité pour faire préparer les rations. Malgré toutes ces mesures, notre effectif est déjà réduit de près de moitié et nous désespérons de maintenir le reste en état ; chaque jour nous avons à enregistrer de nouvelles pertes.

La petite saison des pluies vient de prendre fin, après s'être prolongée plus que de coutume ; le temps s'est remis au beau et les nuits sont remarquablement claires sous un ciel constellé d'étoiles.

Comme il est bien plus agréable de dormir en plein air que dans les cases où l'on est dévoré par les moustiques ou que sous les tentes trop petites pour contenir les taras — sortes de lits rustiques — que nous nous sommes procurés, mes camarades et moi avions installé notre dortoir sous la véranda qui s'étend de chaque côté de la porte d'entrée.

Je viens d'être réveillé par le galop d'un cheval qui gambade à travers le camp après avoir brisé son entrave ; il peut être 11 heures ; tout à coup, je suis absolument ébloui par une violente lueur bientôt suivie de crépitements et de détonations ; c'est un bolide qui vient d'éclater dans la direction du nord-ouest. Mes camarades sont réveillés en sursaut, ainsi que notre capitaine auquel je donne l'explication de ce fait insolite. Le brouhaha qui s'élève du camp principal nous indique que l'on s'est rendu compte du phénomène ; mais nous apprenons le lendemain matin que celui-ci a été mal interprété et que l'on a cru à une attaque des avant-postes, c'est pourquoi chacun s'est immédiatement rendu à son poste de combat dans les tranchées.

D'après les croyances locales, ce phénomène serait précurseur d'une prochaine calamité et plus particulièrement de la mort du roi; aussi en pareille occurence, les indigènes ont-ils l'habitude de détourner les mauvais esprits qu'ils croient inhérents aux bolides en tirant de nombreux coups de fusil dans la direction où celui-ci leur est apparu; c'est ce qui explique les détonations que nous avons entendues à la suite de l'éclatement.

Vers 8 heures du matin, notre camarade de Tavernost, ayant terminé sa mission, revient, porteur d'une lettre à l'adresse du général Dodds. Cette nouvelle se répand rapidement dans le camp; mais comme elle nous a été annoncée confidentiellement, nous attendons, pour féliciter le nouveau promu, la prochaine arrivée du lieutenant-gouverneur qui doit apporter la dépêche officielle.

M. Ballot, accompagné des administrateurs Fonssagrive jeune et d'Albéca et d'une escorte de tirailleurs, arrive au camp à 10 heures du matin; il est tout heureux de remettre au commandant supérieur la dépêche ministérielle qui le nomme général. Le lieutenant-colonel Grégoire se fait l'interprète de nos sentiments en exprimant au nouveau promu nos chaleureuses félicitations et lui renouvelant l'assurance de notre complet dévouement.

Le jour même, de nouveaux pourparlers sont entamés avec les représentants de Béhanzin, après que le commandant supérieur s'est fait convenablement renseigner sur les traités antérieurs passés avec le Dahomey. Comme le gouvernement a laissé au commandant du corps expéditionnaire toute latitude pour traiter de la paix, en stipulant, toutefois, que nos troupes devraient entrer à Abomey, les plénipotentiaires sont chargés de transmettre à Béhanzin les conditions suivantes : les troupes françaises entreront dans sa capitale, et le roi devra céder le littoral, ainsi que la rive gauche de l'Ouémé jusqu'à Agoni inclusivement ; remettre huit canons et 2.000 fusils à tir rapide; laisser son territoire sous le protectorat de la France et ouvrir à nos commerçants toutes les routes du Dahomey; abolir les sacrifices humains; payer une indemnité de guerre de 15 millions; et, jusqu'à complète exécution de ce traité, Béhanzin laissera comme otages trois de ses principaux conseillers.

Evacuation des malades. — Nouvelle fourberie de Béhanzin. — Reprise des hostilités. — Le réduit de Kana. — — Retour du commandant Villiers. — Prise d'Abomey.

Pendant cette période de calme et malgré une nourriture réconfortante quoique peu variée, la dysenterie et les accès pernicieux continuent à sévir avec intensité. Le 12 au matin, notre camarade Perrier est pris à son tour d'un violent accès de fièvre, compliqué de congestion pulmonaire, et, le même jour, le capitaine de Fitz-James, après avoir longtemps lutté contre le mal, se voit obligé de laisser son commandement au lieutenant de Tavernost. Le docteur Vallois, resté seul pour assurer le service médical à la légion et aux spahis, fait preuve d'une grande énergie et d'un beau dévouement, en prodiguant nuit et jour ses soins à ses nombreux malades. Un nouveau convoi d'évacuation est dirigé sur le fleuve, mais notre capitaine obtient de rester avec nous dans l'espoir d'un prochain rétablissement qui lui permettra d'entrer dans Abomey à la tête de son escadron.

L'interprète spécial du commandant supérieur est parti pour Abomey avec les conseillers de Béhanzin, dans le but sans doute de présenter verbalement au roi les conditions de la paix; il revient avec les plénipotentiaires, le 14, annonçant que Béhanzin accepte les conditions stipulées, y compris l'entrée du corps expéditionnaire à Abomey.

Les représentants du roi obtiennent un délai de 24 heures pour la remise des armes et de l'indemnité de guerre. Le 15 au soir, le capitaine Poivre de la légion, qui, suivant son habitude, faisait un tour de promenade sur la route d'Abomey, rencontre fortuitement à 1.500 mètres environ du camp, un groupe de Dahoméens qui s'est arrêté autour des canons que Béhanzin nous envoie. Bientôt deux indigènes arrivent au camp et demandent à parler au général; ce sont deux otages, (deux inconnus) qui ont amené avec eux, pour tout gage de sincérité deux canons, une mitrailleuse, une centaine de mauvais fusils à pierre et quelques milliers de francs. Il est de toute évidence que, cette fois encore, Béhanzin cherche à gagner du temps en tergiversant et qu'il lui a été loisible d'évacuer ses armes, ses munitions, ses trésors et tout ce que sa capitale contenait de plus précieux. C'est pourquoi le général, furieux d'avoir été encore une fois la dupe de son adversaire, lui retourne ses otages, ses armes et son argent, et lui fait savoir que les hostilités recommencent dès le lendemain.

Le soir même, l'ordre du départ est lu aux troupes et les préparatifs sont activement menés pour permettre à la colonne de reprendre l'offensive dès le lendemain. Un réduit est rapidement élevé autour de la case des palabres ; il est destiné à servir de base de ravitaillement, et le commandement en est laissé au lieutenant de Tavernost. La petite garnison se composera d'un peloton de la 12e compagnie de tirailleurs sénégalais, d'un fort peloton de spahis et d'une cinquantaine de malingres de toutes armes. Le capitaine de Fitz-James et le lieutenant Maurandi de la légion, tous deux malades, resteront également dans le réduit. Faute d'un nombre suffisant de médecins, je reçois l'ordre d'assurer le service médical de la petite garnison.

Le 16, dès 6 heures du matin, la colonne se met en marche, précédée par un groupe de cavaliers sous le commandement du lieutenant Legrand. Le lieutenant gouverneur accompagne le général Dodds. Nos troupes, après avoir suivi pendant quelques centaines de mètres le large chemin qui conduit à Abomey, obliquent au sud, dans le but d'éviter et de tourner les retranchements que les patrouilles ont signalés à 2 kilomètres en avant de Kana. Nous sommes à peine installés dans le réduit, quand arrive un indigène porteur d'une lettre à l'adresse du général Dodds. Au dos de l'enveloppe, se dessine le sceau de Béhanzin, il a une forme ovale et porte comme suscription : G'bedazin King of Dahomey. Notre camarade de Tavernost après avoir examiné cette enveloppe, la rend intacte au porteur en lui faisant indiquer la direction suivie par la colonne. La démarche qui vient d'être faite nous intrigue passablement. Il est inadmissible, en effet, que les Dahoméens, qui dans aucune circonstance n'ont perdu le contact, n'aient pas eu connaissance du départ de la colonne, et nous sommes enclins à croire que le porteur de la missive est venu dans le but de se rendre compte de l'importance du réduit ainsi que de l'effectif de la garnison. Mais aucun incident ne vient confirmer nos suppositions.

A trois heures de l'après-midi, quel n'est pas notre étonnement, en voyant arriver un groupe de cavaliers à la tête duquel nous reconnaissons le commandant Villiers; notre surprise fait rapidement place à une vive satisfaction, quand nous apprenons que notre chef d'escadrons est suffisamment rétabli pour reprendre son commandement. Par lui, nous sommes convenablement mis au courant des grands et menus faits des services de l'arrière et de l'état sanitaire de nos camarades malades ou blessés, qui ont été hospitalisés à Porto-Novo et à Kotonou. Le docteur Rouch, le lieutenant Menou ont succombé à leurs blessures, celles de ce dernier s'étant compliquées de tétanos. L'état du capitaine Crémieu-Foa inspire de vives inquiétudes, de même que celui de Varenne et de Piedpremier. La plupart de nos camarades blessés sont en bonne voie de guérison, même les lieutenants Gay et Ferradini. Mon collègue Raynard a dû quitter son poste d'Adégon pour se faire évacuer sur Porto-Novo, où il attend incessamment son ordre de rapatriement.

Grâce au patriotisme et à l'excessive complaisance des négociants de Porto-Novo, nos évacués ont été partout chaleureusement accueillis et admirablement traités, et le commandant Villiers, qui a été soigné à la factorerie Régis, nous dit le plus grand bien de ses hôtes. La popote se trouve enrichie d'une caisse de fines provisions et d'une autre de vins généreux, qui toutes deux sont immédiatement mises à contribution pour fêter le retour de notre chef. Ce joyeux dîner est interrompu par l'arrivée d'une compagnie de tirailleurs sénégalais, capitaine Benoit, qui vient renforcer le corps expéditionnaire, tout en lui amenant aussi un petit convoi de ravitaillement. Cette compagnie fait une grand'halte en avant du poste; son chef est bien décidé à rejoindre la colonne le soir même. A huit heures du soir, il fait nuit noire, lorsque le lieutenant Legrand rentre au bivouac avec son peloton. Il nous relate les opérations de la journée et nous dit que la colonne n'a rencontré aucune résistance jusqu'à proximité de Djimé où elle s'est arrêtée de 9 heures du matin à 1 heure de l'après-midi. Envoyé en reconnaissance avec son peloton, notre camarade est arrivé en vue des premières maisons d'Abomey, au moment où l'incendie détruisait ces constructions. Le feu, favorisé par un fort vent d'est, s'est rapidement étendu sur une longueur de plusieurs kilomètres. Par ce fait, il devenait matériellement impossible à la colonne de pénétrer dans la capitale que Béhanzin a fait livrer aux flammes avant de fuir. Le bivouac a été établi en vue d'Abomey, à côté du tata de Goho, et le peloton de cavalerie n'ayant emporté qu'une journée de vivres pour ses chevaux a été renvoyé à Kana.

Immédiatement, le commandant Villiers prend la détermination de partir avec le lieutenant Basset et son peloton pour rejoindre la colonne, de concert avec la compagnie Benoît. La petite troupe se met en marche vers 9 heures du soir et disparaît rapidement dans l'obscurité.

L'incendie, qui continue ses ravages, éclaire et colore fortement le ciel dans la direction du nord-ouest. A 10 heures, une immense colonne de flammes, suivie bientôt d'une violente détonation, nous indique qu'une poudrière vient de sauter et nous sommes tout anxieux de savoir si l'explosion n'a pas causé de ravages parmi nos troupes. La nuit s'écoule sans autre incident. Pendant la matinée du lendemain, nous faisons confectionner des cadres et des brancards destinés à évacuer à la prochaine occasion les malades du réduit; le soir, un courrier nous apporte la nouvelle de la prise d'Abomey. La ville est aux trois quarts incendiée. Les Dahoméens se sont retirés sans opposer la moindre résistance et le corps expéditionnaire a installé son bivouac dans la cour principale du palais du roi. Cette construction, comme le reste de la ville, a été complètement incendiée. Les reconnaissances de cavalerie envoyées vers le nord, suivant la ligne de retraite de Béhanzin, sont arrivées jusqu'à Vindouté, ne rencontrant que des campements abandonnés. L'explosion que nous avons entendue provenait d'une poudrière que les sapeurs du génie avaient été chargés de détruire; elle n'a déterminé aucun accident de personne.

Le lendemain 19, le commandant Villiers nous fait parvenir quelques caisses de vins et de liqueurs qui ont été trouvées par nos spahis à Abomey; les vins, pour la plupart de provenance espagnole et portugaise, sont distribués aux malades. Nous conservons à la popote une caisse de vermouth Noilly-Prat, 1re marque, dont nous entamons immédiatement la première bouteille pour fêter la prise d'Abomey. Notre gaîté est pourtant fortement tempérée par la présence du capitaine de Fitz-James, dont l'état précaire ne s'est pas amélioré; malgré nos conseils, ce brave cœur s'obstine à rester avec nous, plutôt que de consentir à se faire évacuer.

Depuis plusieurs jours, nous voyons affluer à Kana quantité de Nagos qui viennent se soumettre et réclamer la protection des troupes françaises. Le nombre des hommes est bien inférieur à celui des femmes; cela résulte des razzias faites par Béhanzin pour se procurer les porteurs nécessaires. La plupart de ces malheureux ont eu à endurer des privations excessives qui les ont décimés; bon nombre, faisant le service de brancardiers pendant le combat, sont tombés frappés mortellement; d'autres enfin, plus ou moins rébarbatifs et indisciplinés, qui refusaient d'obéir aux Dahoméens, ont été impitoyablement décapités pour exemple et par ordre de Béhanzin. Tous ces gens ont une peur effroyable de leurs oppresseurs, à tel point que deux maraudeurs dahoméens, mal armés, ont pu pénétrer impunément au milieu de cette colonie et jeter partout la terreur, sans qu'aucun de ces milliers de Nagos n'ait osé chasser les audacieux perturbabateurs.

Le commandant Villiers rentre dans la soirée avec le peloton de spahis et un premier convoi d'évacuation qui sera dirigé dans la journée sur le poste d'Awlamé.

Notre camarade Basset rapporte de nombreuses curiosités qu'il a trouvées dans le palais de Goho et plusieurs superbes couteaux à sacrifices dont il offre gracieusement un spécimen à chacun des officiers de l'escadron. Ces armes ont été prises, paraît-il, dans les tombeaux des anciens rois.

Mais le privilégié de la bande est certainement notre ami Legrand, auquel le commandant Villiers remet une copie de la dépêche ministérielle qui le nomme chevalier de la Légion d'honneur. Le vin généreux rapporté d'Abomey est largement mis à contribution pour fêter le nouveau promu.

Malheureusement, le capitaine de Fitz-James, épuisé par la dysenterie, ne peut participer à cette petite fête. Il est désolé de nous quitter lorsque le commandant lui donne l'ordre de se joindre au convoi d'évacuation.

Les spahis ont rapporté des paquets de vêtements plus ou moins bariolés avec lesquels ils s'affublent, ce qui amuse considérablement tous ces grands enfants. Le lieutenant-gouverneur leur a également confié le trône de Béhanzin, que nous installons provisoirement dans notre case de popote; c'est un vulgaire article de camelote pour exportation, offert sans doute par un commerçant européen; il consiste en un fauteuil, genre Voltaire, en bois, doré sur plâtre, recouvert de velours grenat, garni de franges dorées et surmonté d'une couronne royale également dorée sur plâtre.

Comme ce siège est beaucoup plus confortable que nos tabourets de cabécères, c'est à qui pourra s'y asseoir un instant. Ce trône d'occasion doit être offert au roi Toffa. Il paraît que l'ancien, le vrai, le beau, taillé d'une seule pièce dans un énorme tronc, nécessite un chariot pour être transporté.

Retour à Porto-Novo. — Arrivée du général Dodds. — Réceptions enthousiastes.

Depuis son arrivée à Abomey, le général a procédé aux mesures d'occupation des territoires conquis et à l'organisation d'une garnison permanente, qu'il se propose de laisser dans la capitale ; il lance en outre une énergique proclamation aux populations du Dahomey pour les inviter à faire leur soumision.

Le 21, le lieutenant-gouverneur, accompagné du chef d'état-major Gonnard et d'un certain nombre d'officiers malades ou plus ou moins débilités que l'on évacue, arrive au camp de Kana. La cavalerie, jugée désormais inutile à la colonne, faute d'un nombre suffisant de chevaux, reçoit l'ordre de rétrograder sur Porto-Novo, à l'exception des escouades chargées d'assurer le service de correspondance et de relier la ligne des postes établis entre Abomey et Adégon. Le convoi d'évacuation s'arrête au camp de Kana pour déjeuner. Nos caisses de provisions déjà bien dégarnies sont encore largement mises à contribution ; et, ce jour-là, notre cuisinier prépare vingt-deux déjeuners.

Vers deux heures, l'escadron se met en route escortant le lieutenant-gouverneur, sa suite et le convoi. La plupart de nos cavaliers sont démontés. Les chevaux susceptibles de faire la route sont répartis entre les gradés et les Européens. Mon brave cheval, absolument épuisé, vient de subir le sort réservé aux inutilisables ; une balle de revolver dans le crâne a abrégé sa lente agonie; je n'ai pu retenir un sanglot lorsque le maréchal des logis Chollet est venu me rendre compte de la fin de mon pauvre *Musc*. Il est tout de suite remplacé par l'ancienne monture de notre cuisinier.

Nous arrivons au camp d'Awlamé vers 5 heures du soir. Le commandant du poste et les officiers, prévenus de notre passage, mais manquant de provisions suffisantes, proposent de dîner en commun; ils mettent généreusement à notre disposition le peu qui leur reste, mais notre commandant décline leur invitation et nous installons notre bivouac en dehors du réduit.

Quel n'est pas notre étonnement en apprenant que le capitaine de Fitz-James a refusé de se laisser évacuer; il s'est installé dans le poste pour attendre notre retour et partir avec nous. Le commandant Villiers lui adresse de vifs reproches que nous trouvons exagérés.

Le lendemain, la petite colonne se met en route à destination de Kosoupa. Sur tout le parcours, et principalement aux environs de Kotopa, nous croisons de nombreuses familles indigènes qui se dirigent en troupe vers Abomey dans le but de faire leur soumission au général. Nous rencontrons également une escouade de spahis qui apporte le courrier de France à la colonne. Le sac de dépêches destinées à l'escadron est ouvert, et pour la première fois depuis le début de la campagne, je reçois des nouvelles de ma famille.

A Kosoupa, où nous nous installons pour passer le reste de la journée et la nuit, nous rencontrons un détachement de troupes de relève, commandées par le chef de bataillon Chmitelin, de la légion, et nous avons la douleur d'apprendre la mort du capitaine Crémieu-Foa qui a succombé à Kotonou des suites de l'accès pernicieux qu'il avait contracté le jour du combat de Diokoué.

Le 23 au matin, nous nous mettons en route à destination d'Adégon, où nous arrivons pour déjeuner. L'ancien réduit, devenu inhabitable par suite de l'humidité et surtout à cause des miasmes pestilentiels provenant des cadavres enterrés aux alentours, a été évacué et installé à 1.500 mètres en aval, sur un banc de sable qui borde l'Ouémé.

Ce nouvel emplacement est relativement sain, mais la chaleur y est atroce par suite du manque absolu d'ombrage.

Avant d'arriver au gîte d'étape, j'ai été pris d'un violent accès de fièvre qui m'empêche de participer au déjeuner offert par les camarades du poste. A 3 heures, cinq ou six grandes pirogues sont amarrées le long de la berge et l'on procède tout de suite à l'embarquement.

Dans la première s'installent le lieutenant gouverneur Ballot et le lieutenant-colonel Gonnard, le commandant Villiers, 3 lieutenants de l'escadron et quelques officiers évacués.

Une deuxième pirogue est affectée aux officiers malades ; j'y trouve place avec les capitaines de Fitz-James et Jouvelet. Deux plates-formes reçoivent les 30 chevaux qui nous restent, les hommes à pied prennent place dans les autres embarcations, à raison de 30 à 40 par pirogue.

A 5 heures, la petite flottille quitte Adégon et descend le fleuve. Les eaux ont considérablement baissé, et depuis longtemps les canonnières ne peuvent plus se risquer dans ces parages. Les piroguiers guident leurs embarcations dans le chenal parfois étroit et peu profond où elles sont quelquefois arrêtées par des troncs d'arbres ou sur des bancs de sable. La nuit arrive et augmente encore les difficultés de la navigation. Fort heureusement, la profondeur de la rivière augmente au fur et à mesure que l'on descend. Nous sommes littéralement dévorés par les moustiques qui, de concert avec la fièvre, se chargent de nous tenir éveillés pendant toute la nuit. Vers minuit, nous arrivons à Dogba, où l'on accoste pour prendre le courrier, et à Danou vers 4 heures du matin. A partir de ce point, le fleuve devient praticable pour les canonnières et nous avons la chance d'être attendus par deux de ces chaloupes à vapeur qui nous remorquent rapidement sur Porto-Novo où nous arrivons le 24 novembre, vers 10 heures du matin.

Au débarcadère de la résidence, nous sommes chaleureusement accueillis par M. Vidal, le commis des postes, chez lequel s'est déjà installé notre camarade Perrier. Le capitaine de Fitz-James est transporté dans le même local, en attendant qu'il puisse être évacué sur l'ambulance. Nos cavaliers sont cantonnés dans des baraquements du camp des Amazones, où un pavillon Smith, à cinq compartiments, est affecté aux officiers de l'escadron; nous nous y installons de Tavernost, Legrand, Basset et moi. Quant au commandant Villiers, il doit s'aliter de nouveau à la suite d'une lymphangite qui est venue compliquer sa blessure encore mal cicatrisée; il retourne à la factorerie Régis. Bien que très débilité par les fatigues de la campagne et plus particulièrement par le récent accès de fièvre que j'ai eu à supporter, je suis encore assez valide pour assurer mon service, très simplifié du reste par suite des pertes et des évacuations. Je m'empresse de rassurer ma famille en lui envoyant un télégramme très bref, à cause du prix élevé de la transmission, soit environ 8 francs le mot.

Comme je l'ai dit précédemment, de nombreux officiers malades ou blessés avaient trouvé une cordiale hospitalité chez les principaux négociants français de Porto-Novo; d'autres étaient soignés à l'ambulance installée dans les locaux des missionnaires. En compagnie de quelques camarades, nous allons prendre des nouvelles de nos anciens compagnons. La plupart sont en bonne voie de guérison, même les plus grièvement blessés et en particulier Ferradini, Gay et Mérienne-Lucas; le commandant Lasserre, le lieutenant Farail et quelques autres blessés ou malades ont été évacués sur France. L'état des fiévreux et des dysentériques est moins satisfaisant. L'infatigable docteur Rangé désespère de sauver son jeune collègue Piedpremier, non plus que le camarade Varenne, récemment promu au grade de capitaine.

Le 28, nous apprenons que le général Dodds a quitté Abomey la veille, après avoir mis le palais de Goho en état de défense et avoir laissé le commandement de la garnison au lieutenant-colonel Grégoire. Une autre colonne s'est également mise en route sous les ordres du commandant Audéoud, à destination de Porto-Novo, où elle doit se rendre par étapes, tandis que le général et sa compagnie d'escorte descendront la voie fluviale à partir d'Adégon.

Le mercredi, 30 novembre, à 8 heures du matin, la canonnière qui ramène le général Dodds accoste au boté de la résidence. L'arrivée du commandant supérieur a attiré une grande partie de la population de Porto-Novo, qui vient en foule acclamer le héros de la campagne. Le lieutenant-gouverneur, le roi Toffa et tous les officiers valides ont tenu à venir saluer le général; celui-ci, dans une chaude et sympathique allocution, rend hommage à l'initiative et au dévouement du lieutenant-gouverneur Ballot; il remercie le roi Toffa et les habitants de leur concours empressé; puis il glorifie les exploits de ses troupes qui, malgré la maladie, les intempéries du climat, les privations excessives, ont triomphé dans 16 combats acharnés d'un ennemi audacieux, brave, discipliné, bien armé et dix fois supérieur en nombre. « Je suis fier, dit-il, en terminant, d'avoir eu l'honneur de commander à de tels soldats. »

Pendant les quelques jours qui suivent le retour à Kotonou du général Dodds, les villes du littoral envoient des représentants pour lui offrir leur soumission.

Le 2 décembre, une colonne commandée par le capitaine de frégate Marquer, composée de marins, d'infanterie de marine et de tirailleurs sénégalais, a occupé Wydah sans coup férir.

Le drapeau tricolore a été arboré sur l'ancien fort français. L'occupation des autres principales places, Abomey-Calawi, Godomey, s'effectue progressivement.

La colonne Audéoud rentre à Porto-Novo le 5 novembre, et, le lendemain, tous les officiers valides accompagnent le général Dodds à la chapelle des missions où un *Te Deum* est célébré. Nous sommes tous réunis dans la petite église lorsque le roi Toffa, suivi de ses principaux cabécères, fait son entrée; il est coiffé d'un bicorne de général en chef qui dissimule incomplètement un bonnet de coton; il est vêtu d'un superbe dolman en velours lilas et d'une culotte bouffante en soie multicolore; ses cabécères, le torse complètement nu, sont ceints d'un pagne blanc. Cette cérémonie religieuse est suivie de fêtes offertes aux troupes et plus particulièrement aux officiers par les habitants de Porto-Novo.

Une construction en planches à laquelle les mulâtres ont donné le nom pompeux d'*Estrade de la Victoire,* est élevée entre le camp des Amazones et la résidence du général et reliée à celle-ci par un chemin bordé de pieux surmontés de lampes indigènes. Un bal présidé par le lieutenant-gouverneur et le roi Toffa, est ouvert par le général et la femme de l'administrateur au son d'un orchestre composé de musiciens indigènes. Les danses européennes sont entrecoupées de danses portugaises auxquelles prend part le tout Porto-Novo des premières.

Le lendemain, toute cette jeunesse en gaîté se déguise et parcourt les rues de Porto-Novo en chantant la défaite de Béhanzin. Le groupe se rend ensuite dans la cour de la résidence pour se faire photographier par un amateur.

Déchéance de Béhanzin. — Relève d'une partie des troupes. — Vente des derniers chevaux de cavalerie. — Arrestation de négociants allemands. — Retour au Sénégal.

Pendant son séjour à Porto-Novo, le général Dodds fait publier le décret de déchéance ci-après :

Au nom de la République française, nous, général de brigade commandant supérieur des établissements français du Bénin, commandeur de la Légion d'honneur; en vertu des pouvoirs qui nous sont conférés, déclarons que le roi Béhanzin-Ahy-Djéré est déchu du trône de Dahomey et banni à jamais de ce pays ; le royaume de Dahomey est et demeure placé sous le protectorat exclusif de la France, à l'exception des territoires de Wydah, Savi, Awré-Kété, Godomey et Abomey-Calawi, qui constituaient les anciens royaumes de Ajuda et de Jacquin, lesquels sont annexés aux possessions de la République française. Les limites des territoires annexés sont à l'ouest, la rivière Ahémé au nord et à l'est la rivière de Savi et les frontières nord-est du territoire d'Abomey-Calawi ; au sud, l'océan Atlantique.

Fait à Porto-Novo, le 3 décembre 1892.

Signé : Dodds

Pour faciliter l'occupation militaire du pays, le général donne le commandement de la région d'Abomey au lieutenant-colonel Grégoire, resté à Goho avec quatre compagnies d'infanterie, dont une de la légion, trois de tirailleurs et quelques pièces d'artillerie. La région de Wydah s'étendant jusqu'à la Lama est placée sous le commandement du lieutenant-colonel Gonnard. Le général conserve pour lui la direction de la 3e région, qui comprend Kotonou et Porto-Novo.

Déjà le commandant supérieur a demandé la relève des troupes européennes et des cadres des compagnies indigènes, très fatigués par la campagne. Il propose également le renvoi au Sénégal des deux escadrons de cavalerie (l'état précaire dans lequel se trouvent les quelques chevaux qui ont résisté ne permettant plus de les utiliser). Nous apprenons, en outre, que le général vient d'envoyer au ministère, la liste des récompenses qu'il réclame pour les troupes placées sous ses ordres; l'un de ses officiers d'état-major, le capitaine Montané, m'informe que je suis du nombre des officiers proposés pour la Légion d'honneur.

Le 6 décembre, le général quitte Porto-Novo pour se rendre à Kotonou, où il est accueilli avec enthousiasme par les troupes de la garnison, par les négociants et par la population indigène.

Les nouvelles qui nous parviennent de France indiquent que les steamers *Tibet* et *Pélion* ont quitté Marseille et Oran avec les troupes de relève comprenant un bataillon d'infanterie légère d'Afrique, deux compagnies d'infanterie de marine, une compagnie

Groupe des officiers de spahis

de la légion étrangère et une batterie d'artillerie de marine, avec ses chevaux et ses munitions.

Des colonnes mobiles commandées par les chefs de bataillon Riou et Audéoud parcourent la région du bas Dahomey et reçoivent la soumission des villages qu'elles traversent. D'après les renseignements fournis par le corps d'occupation d'Abomey, Béhanzin, suivi de quelques centaines de guerriers et de leurs principaux chefs, s'est retiré au nord-ouest, dans le pays des Mahis, à 3 ou 4 étapes environ d'Abomey.

Dès que l'occupation des principaux points de la côte sera terminée, une colonne sera formée avec les troupes amenées par le *Tibet* pour marcher sur Allada, puis sur Abomey où elle ravitaillera la garnison de Goho et assurera les communications avec la côte.

Le 12 décembre, arrive à Porto-Novo le capitaine Colas de Chatelperron, qui a obtenu d'être nommé en remplacement de son collègue Crémieu-Foa, décédé. Grand est son désappointement lorsqu'il apprend que nos escadrons vont être très prochainement rapatriés; il fait immédiatemeut des démarches auprès du général dans le but d'obtenir un emploi à la mission topographique chargée de dresser la carte du pays conquis.

L'état du commandant Villiers s'est considérablement amélioré; par contre, celui du capitaine de Fitz-James reste stationnaire; cet officier est en traitement à l'ambulance des missions. Notre camarade Perrier a pu reprendre son service mais la fièvre vient successivement terrasser pendant quelques jours, ceux qui jusque-là n'avaient été que fort peu éprouvés. Chacun de nous y passe à son tour et le lieutenant Legrand, plus fortement atteint, inspire même quelques inquiétudes au docteur Rangé, qui vient chaque jour lui prodiguer ses soins.

Le jeune médecin Piedpremier succombe de la fièvre typhoïde à l'hôpital; cet événement attriste profondément tous ceux qui, comme nous, ont pu apprécier l'abnégation et le dévouement du défunt. Ce brave garçon avait su mériter toutes les sympathies et le général venait de le proposer pour le grade supérieur. Nous accompagnons son cercueil au cimetière de Porto-Novo, où l'aumônier Vathelet, puis le général Dodds retracent, en termes émus, la belle conduite et le noble dévouement du jeune aide-major de la légion.

Les différents postes de spahis laissés entre Abomey et Adégon rentrent avec les quelques chevaux encore valides qui leur restent. Notre cavalerie se trouve réduite à 32 chevaux et 1 mulet, à peu près tous débilités et inutilisables; ils sont vendus sur la place de la Résidence, à Porto-Novo, le vendredi 16 décembre, et achetés à des prix dérisoires par des commerçants de la ville et des environs. Ces acquéreurs espèrent en tirer bon parti, mais ils ne tardent pas à se convaincre de leur erreur ; car déjà, lorsque nous quittons Porto-Novo, moins de huit jours après, cinq ou six de nos anciennes montures ont succombé chez leurs nouveaux propriétaires.

Dès lors, nos loisirs nous permettent de faire de fréquentes visites à nos camarades malades ou blessés répartis dans les ambulances et chez les particuliers. Chaque soir, à l'heure de l'apéritif, un groupe des plus valides se réunit tantôt chez M. Cressac, le commissaire de la marine, qui, avec son collègue M. Noguès, reçoit avec beaucoup d'affabilité, tantôt chez les commis des postes, dont l'éloge n'est plus à faire, ou bien encore à la popote de l'état-major où de nouveaux officiers récemment débarqués, pleins de vigueur et d'entrain, jettent la note gaie parmi le groupe des gens anémiés qui se complaisent à les écouter. C'est ici que l'on vient se mettre au courant des événements.

Après avoir installé des postes de douanes sur la côte dahoméenne, le commandant supérieur a notifié la levée du blocus qui avait été établi le 18 juin.

Déjà de nombreuses pièces à conviction trouvées sur les champs de bataille avaient surabondamment démontré que plusieurs factoreries étrangères et plus particulièrement des maisons allemandes, avaient fourni à nos adversaires des armes à tir rapide et des munitions. Quelques jours après l'occupation de Wydah, le général ayant fait procéder à une enquête plus approfondie, fut convaincu de la culpabilité des chefs des factoreries Busch, Wit et Barth ; il les fit arrêter et conduire à bord du *Mytho* jusqu'à décision à intervenir. Il fut également démontré, preuves en mains, que Béhanzin avait reçu des armes à tir rapide et des munitions en échange de captifs qu'il avait livrés à destination du Congo allemand.

Les troupes de relève, amenées par le *Taygète* et par le *Tibet* permettent de rapatrier, indépendamment des malades et des convalescents, les trois compagnies de tirailleurs volontaires recrutées au Sénégal pour la durée de la campagne, ainsi que les deux escadrons de spahis.

Le 23 décembre, les hommes du 1er escadron sont embarqués dans les pirogues et remorqués de Porto-Novo à Kotonou par l'*Opale* et la chaloupe à vapeur *La Jeannette*. Je pars avec ce premier convoi en compagnie des lieutenants Basset et Perrier. La veille, nous avons fait nos adieux à tous ceux de nos camarades encore hospitalisés à Porto-Novo, et en particulier au capitaine de Fitz-James, encore trop faible pour être rapatrié. Quelques amis, parmi lesquels les commis des postes Willarem et Vidal, nous accompagnent à l'embarcadère. L'*Opale*, qui nous remorque, se met en marche à 8 heures et nous amène en moins d'une heure et demie à l'entrée du canal de Toché. De chaque côté, sur la berge, deux squelettes empalés, témoignent du terrible châtiment que le roi Toffa a fait infliger à des piroguiers qui avaient volé une partie de la cargaison qu'ils étaient chargés de transporter de Kotonou à Porto-Novo. A 10 heures, nous accostons au débarcadère de Kotonou et notre matériel est immédiatement transporté au moyen du Decauville sur le wharf.

Informés de notre arrivée, les employés du télégraphe nous invitent à partager leur déjeuner; et, pour la première fois depuis de longs mois, nous avons la satisfaction de prendre un apéritif à l'eau frappée.

Le *Tibet*, qui doit nous rapatrier est en rade; nos bagages sont embarqués de 3 heures à 5 heures. La barre est beaucoup moins violente en cette saison que pendant l'été; aussi nos hommes peuvent-ils accéder dans les embarcations par les escaliers qui bordent le wharf. Seuls, les malades doivent être descendus à l'aide des paniers. Nous arrivons à bord à l'heure du dîner et nous nous mettons gaiement à table en compagnie des quelques camarades qui nous ont déjà précédés. La cabine dans laquelle je m'installe avec le lieutenant Perrier est spacieuse et très confortable; aussi, fatigués par les travaux de l'embarquement et débarassés des moustiques et des fourmis qui nous assaillaient à terre, nous dormons à poings fermés jusqu'au lendemain matin, malgré le bruit des treuils et le roulement des colis.

Le deuxième détachement de spahis, arrivé à Kotonou dans la soirée du 24, est embarqué le 25 au matin avec le commandant Villiers et les lieutenants de Tavernost et Legrand. Notre bateau est littéralement bondé de rapatriés : indépendamment des 250 malades ou convalescents de toutes armes le *Tibet* emporte les trois compagnies de tirailleurs volontaires avec leurs femmes et leurs marmots, ainsi que les 150 spahis que comptent encore les deux escadrons.

Le *Tibet* lève l'ancre le 26 à 8 heures du soir, à destination de Dakar, Oran et Marseille.

Non compris le personnel du bord, nous sommes une quinzaine d'officiers, parmi lesquels les lieutenants Marceau, Mouveaux, Soulas et Sénelard qui ont été chargés d'accompagner au Sénégal les compagnies de tirailleurs volontaires et de les licencier. Grâce à l'aménité et à la jovialité du capitaine Littardi, qui commande le *Tibet*, et à la parfaite courtoisie de ses sous-ordres, la traversée s'annonce sous d'heureux auspices.

L'arrière du bateau, ainsi que la passerelle des premières, reste spécialement affecté aux officiers rapatriés, tandis que sur le pont et jusque dans les embarcations, grouillent pêle-mêle, hommes, femmes et enfants. Les malades ont été à peu près convenablement installés dans les cabines et dans l'entrepont. Le docteur Thomas, qui est spécialement chargé de les évacuer, se multiplie pour les voir tous au moins une fois chaque jour.

Le 1er janvier est joyeusement fêté à bord ; le même jour, au crépuscule, le phare des Mamelles est signalé par la vigie. Chacun se précipite sur la passerelle, et les lorgnettes sont braquées dans la direction indiquée. Bientôt, le feu intermittent se distingue à l'œil nu ; puis apparaît le phare de la pointe du cap Vert avec son feu rouge. A 10 heures, nous distinguons les lumières de Gorée. Voici maintenant Dakar, où brillent encore quelques-unes des lanternes vénitiennes qui ont servi à fêter le premier jour de cette nouvelle année. A 11 heures, le *Tibet* jette ses ancres après avoir été accosté par le canot de M. Logeay, représentant de la compagnie à Dakar. Notre steamer a donc effectué cette traversée en 6 jours et quelques heures ; on ne l'attendait que le lendemain au plus tôt. Pendant le trajet de Kotonou à Dakar, trois malades sont morts et ont été immergés.

Le lendemain, dès la première heure, je prends place avec deux ou trois de mes camarades dans le canot de la poste, et je suis tout heureux de débarquer sain et sauf sur ce quai d'où je suis parti cinq mois auparavant avec non moins de satisfaction.

Le *Tibet* reprend la mer à 6 heures du soir, après avoir débarqué à Dakar quelques malades dont l'état précaire nécessite l'entrée d'urgence à l'hôpital : les trois compagnies de tirailleurs auxiliaires qui sont immédiatement dirigées sur Saint-Louis et les deux escadrons de spahis à l'exception du commandant Villiers, du lieutenant Legrand et de quelques gradés européens qui rentrent, soit en France, soit en Algérie.

Nos contingents auxiliaires sont licenciés dès le lendemain. Ils regagnent leurs différentes tribus, fort peu satisfaits de n'y ramener ni butin, ni surtout les captifs qu'ils espéraient faire au cours de la campagne. Mais bientôt leur caractère insouciant reprend le dessus, surtout lorsque leurs griots les ont grisés par leurs chants, où ils les dépeignent comme autant de héros.

Nos spahis, tout aussi déçus, se consolent en compagnie de leurs femmes et de leurs nombreux amis, avec lesquels ils dépensent follement en des tam-tam monstres, les quelques économies qu'ils ont pu réaliser sur leur solde.

FIN

TABLE DES MATIÈRES

Paris et Limoges. — Imprimerie militaire Henri Charles-Lavauzelle.

www.ingramcontent.com/pod-product-compliance
Ingram Content Group UK Ltd.
Pitfield, Milton Keynes, MK11 3LW, UK
UKHW020444200726
13857UKWH00002B/558